벽틈
사이로
빛이

벽틈 사이로 빛이

1판 1쇄 발행　2025년 7월 15일

지은이　　김애자
발행인　　이선우
펴낸곳　　도서출판 선우미디어
　　　　　등록 | 1997. 8. 7 제305-2014-000020
　　　　　02643 서울시 동대문구 장한로 12길 40, 101동 203호
　　　　　☎ 2272-3351, 3352 팩스: 2272-5540
　　　　　sunwoome@hanmail.net
　　　　　Printed in Korea ⓒ 2025. 김애자

값 15,000원

　　충주시　　충주문화관광재단
※ 이 책은 충주시, 충주문화관광재단 후원을 받아 2025년 충주문화예술지원사업으로 제작되었습니다.
※ 잘못된 책은 바꿔 드립니다.
※ 저자와 협의하여 인지 생략합니다.

ISBN 978-89-5658-798-1　03810

벽틈 사이로 빛이

김애자 수필집

작가의 말

여든이란 고개를 넘고부터 치지(致知)를 깨우치지 못한 불찰에 대한 반성을 자주하게 된다. 대신 하찮고 소소한 것들이 가슴에 와 안기며 생각을 키운다.

겨우내 매운바람 속에서 떨고 있는 앙상한 나뭇가지들을 볼 적마다 '저것들이 꽃을 피우지 못하면 어쩌나' 괜한 걱정도 했었다. 4월로 접어들면서 거짓말처럼 나뭇가지마다 새잎이 돋고, 온갖 꽃들이 피어났다. 생명 있는 것들의 한결같은 역동성, 그 아름다움 앞에서 나는 감격했고, 살아 있음에 감사했다.

2년 반 동안 시간의 텃밭에서 가꾼 작품들을 거둬 또 한 권의 책을 엮게 되었다. 등단 이후 정기간행물을 내는 여러 출판사와 신문사에서 원고청탁을 요청하지 않았다면 나의 글밭은 진즉에 묵정지가 되고 말았을 것이다.

작품을 정리하면서 이번이 마지막이 될지, 또 한 번 글농사를 지을 수 있을지 몰라 처음으로 유한근 교수님께 평을 자청했다. 자그마치 200자 원고지 90매를 써주었다. 작가에 대한 신뢰임을 알기에 무척 고마웠다.

 끝으로 출판비를 지원해 준 충주문화관광재단과 편집을 맡아준 이선우 대표, 나의 사랑하는 가족들에게도 고마움과 한결같은 응원을 고이 간직한다.

2025년 첫여름에
김애자

차례

작가의 말 • 4

유한근 ǀ 김애자의 수필 세계 • 211

1. 복숭아꽃 피던 날에

그해 겨울, 그리고 소년 • 12

복숭아꽃 피던 날에 • 20

밥값 • 24

쓸쓸한 문안 • 30

자화상에 숨은 이야기 • 37

가을비 내리는 날에 • 48

벽틈 사이로 빛이 • 52

저녁 한때를 소요하다 • 56

한밤에 쓰는 편지 • 61

2. 하현달 아래서

아파트 소묘(素描) · 68

하현달 아래서 · 73

아름다운 세상을 꿈꾸며 · 78

생각의 전환 · 86

숲속의 오두막집과 맹물 선생님 · 90

7월의 소나기 · 96

시인도 아니면서 · 101

가을엔 '모든 것에 로그인'하고 싶다 · 105

강촌 어른과 어머니의 칠순 · 110

3. 풍경을 스캔하다

풍경을 스캔하다 · 116

스마트폰과 키오스크의 사연 · 122

외갓집 가던 날 · 127

작은 성자(聖者) · 133

새우젓 맛 · 137

일곱 송이 장미꽃 · 142

1,200초 · 148

도시의 농부들 · 153

구활노비문서 · 158

4. 한 치 앞도 모르면서

나의 빈티지 가구 · 164

한 치 앞도 모르면서 · 168

땅을 지키는 사람들 · 174

솔로 에이저의 유감 · 179

조용히 저물어가기 위하여 · 184

외로운 귀향 · 189

책이 있는 풍경 · 195

필연, 그 아름다운 음역(音域) · 200

세밑이 돌아오면 · 207

1

복숭아꽃 피던 날에

그해 겨울, 그리고 소년

 구학산은 산세가 우람하고 골이 깊다. 1963년 나는 그 산의 중턱에 옹색하게 들어앉은 요사채 뒷방에서 겨울을 보냈다. 대전 문창동에 있는 메디컬센터에서 처방해 준 결핵약을 싸 들고 산으로 잠적한 건 1962년 4월이다. 바위틈과 소나무 아래로 진달래와 생강나무 꽃숭어리가 수채화 물감을 풀어놓은 듯 한창 번지던 초봄에 들어가 새해를 맞았고, 2월로 접어들었으니 10개월을 암자에서 보낸 셈이다.

 산중의 겨울은 유독 춥고 해가 짧았다. 대신 어둠의 시간이 길고, 긴 만큼 적막도 깊었다. 그때 숨어 있던 고통이 나에게 들려준 건 인내가 아니었다. 저 깊은 밤의 고요함과 쓸쓸함을 자신을 위한 시간으로 만들어 보라는 권고였다. 그러지 않고선 광활한 우주를 집어삼킨 거대한 어둠과 적막의 무게를 무슨 수로 감당할 것이며, 폐에서 토해 놓은 고통의 흔적을 어찌 감당해 낼 수 있겠냐며 채근했다.

내면에서 울려오는 독백들이 점차 우울로 얼룩진 자신을 일으켜 세웠다. 절벽과도 같았던 산중의 적막이 더 이상 두렵지 않았다. 밤이면 밖으로 나와 하늘을 올려다보면 어둠이 짙을수록 별빛은 명징하게 빛났고, 은하수 언저리를 둘러싸고 있는 성운은 안개처럼 자욱했다. 그런 걸 볼 적마다 손으로 만질 수 없는 것들은 하나같이 아름답다고 생각했다.

점차 적막한 시간들이 내 안으로 들어와 자리를 잡았다. 달이 뜨면 달빛에 나를 맡겼다. 산중의 달은 희었고, 흰 달빛은 사물을 보듬어 그림자를 땅으로 내렸다. 땅으로 내려온 그림자를 밟고 마당 가운데 서 있으면 달은 머리 위에 머물렀다. 봄이나 여름처럼 계곡의 물소리도 소란스럽지 않았다. 물줄기가 얼음으로 고체되어 바위 틈새로 조잘거리며 흘러가던 속도가 둔중하게 울렸고, 그 둔중한 울림은 내 혈관 속으로 스며들었다. 세상과 철저하게 단절되었으나 단절된 만큼 나는 그 무엇에도 간섭받지 않았다. 쓸쓸하면서도 아름다운 자유가 나를 둘러싸고 있음에 나는 비로소 안도할 수 있었다.

처음 산으로 들어왔을 땐 밤마다 손수건으로 입을 틀어막고 울었다. 생면부지의 사람들과 함께 어울려 지내는 일도 지레 서글펐고, 침구며 먹는 것 모두가 허술하기 짝이 없었다. 스스로의 선택에 하루에도 몇 번씩 후회했다. 구학산 암자로 들어가기 2년 전에 비구니들이 사는 암자에서 한동안 머물렀던 경험이 있어 절집에서 어떻게 처신해야 질서에 어긋나지 않는다는 요령을 터득한 바 있었다. 그러나 그곳은 암자라고 해도 스님이 상주하지 않았다. 다만 보살 두 분이 불심 하나로 부처님을 모셨고, 행사 땐 떠돌이 대처승을 불러다 수고비를 주고 운영하던 터라 절집 고유한 질서가 없었다.

암자엔 두 보살이 아홉 살 먹은 소년과 소녀를 데리고 있었다. 시신경이 마비된 작은 보살이 잔심부름을 시키기 위해 거두었다고 했으나 두 아이는 나이에 비해 몸집이 작았고 영양실조로 얼굴에 마른버짐이 피었으며 피부도 가무잡잡했다.

 소년과 소녀는 나를 학생 아가씨로 불렀고 저녁이면 종종 방으로 들어와 말동무가 되어주었다. 특히 소년은 곁에 앉기만 하면 내 손을 만졌고, 손가락으로 옷자락을 감아쥐고 곁에서 잠이 들기도 했다. 두 살 때 엄마를 여의고 아빠가 혼자 일곱 살까지 키우다 힘에 부쳐 절에 맡겨진 터였다. 소녀도 가난하여 밥이라도 배불리 먹길 바라는 마음으로 절로 보내진 처지였다. 두 아이는 눈만 뜨면 밥값을 치르기 위해 마른 솔방울과 갈비를 주워다 불쏘시개를 댔고, 여름엔 밭에서 해종일 풀을 뽑았다.

 절집 보살들은 불법에 대해 무지했고, 학교에도 보내지 않았다. 그래도 소년은 저녁을 먹고 나면 법당으로 올라가 냉수를 떠다 까치발을 들어 부처님께 공양으로 올렸다. 법당 안 부처님도 아이 몸집만큼 작았다. 어느 장인이 흙을 구워 조성한 불상이었다. 아이가 제 몸집만 한 부처님 앞에서 커다란 목탁을 들고 탕탕 두들겨 대는 뒷모습이 나를 슬프게 했다. 목탁을 치며 외는 천수경은 행사 때 모셔 온 대처승들로부터 귀동냥으로 암기한 것이라 음절도 내용도 틀렸으나, 법당 지붕 위로 별들이 들꽃처럼 피어났고, 뜻 없이 치는 소년의 목탁 소리와 염불 소리는 허공으로 흩어졌다.

어느 날 저녁, 허공으로 흩어지던 염불과 목탁 소리가 죽비가 되어 내 등짝을 후려치면서 일갈했다. '네가 자살을 하겠다고 이 산중으로 들어온 물건이 아니더냐'라고.

나는 고개를 숙였다. 암자로 들어오기 전, 약방 열 곳을 돌면서 세코날 50알을 사 모았다. 그리고 산으로 들어와 겨울이 오기를 기다리던 중이었다. 눈이 내리는 날, 산속 깊이 들어가 약으로 목숨을 끊고 말리라던 결심이 소년이 치는 목탁 소리와 염불이 죽비가 되어 나를 후려친 것이었다. 동시에 호강에 겨운 감정의 사치란 각성이 내 심장을 관통했다. 나는 방으로 들어와 가방 속에 감추어 두었던 약병을 꺼내 들고 계곡으로 내려가 물과 숲을 향해 알약 50알을 모두 던져 버렸다. 그리곤 이어 겨울이 돌아왔다.

산중의 겨울은 평화로웠다. 아이들이 노동에 시달리지 않아서 좋았고, 두 아이가 눈을 뭉쳐 들고 눈싸움하면서 산골짜기가 울리도록 깔깔대는 모습은 나를 행복하게 해 주었다. 집에서 보내주는 하숙비로 절집 식구들이 양식 걱정을 하지 않는 것 또한 다행한 일이었다.

나는 육체의 고통이 내게 들려주었던 지혜서대로 적막 속에 들어 있는 자유를 아꼈고, 산중의 밤을 사랑했으며, 산과 골짜기를 홀로 건너가는 달과 헤아릴 수 없는 별들을 사랑했다. 창문에 덧댄 문풍지가 밤바람에 파르르 공명하는 것도, 뒷산에서 들려오는 소나무의 그윽한 울림까지 놓치고 싶지 않았다.

인간이란 완전히 개체다. 가족이 있어도 육체의 고통이나 죽음은 오로지 혼자만이 겪는 일인칭의 존재다. 나는 일인칭의 존재로 자연의 큰 품으로 들어가 자연의 순리에 나를 맡기고 적막한 자유를 명상과 책 읽기로 이용했다. 사촌오빠와 올케처럼 결핵균에게 살과 피를 다 먹혀 가죽만 붙은 참혹한 몰골로 죽어 나가지 않았다.

시간은 태어나고 사라지는 것들을 껴안고 흘러간다. 그

유구한 흐름을 타고 나는 강 하류에 정박했다. 내 옷자락을 손가락으로 거머쥐고 잠들었던 소년도 독학으로 예불과 기존의 상식을 터득하고 20세에 암자에서 뛰쳐나와 양산 통도사로 들어갔다. 타고난 손재주와 성실한 성품을 인정받아 강원의 강사 선생으로부터 사랑을 독차지했고, 그분의 문하생으로 10여 년간 수학하고 돌아와 절 짓기에 공을 들였다. 눈만 뜨면 포클레인을 끌고 축대를 쌓고 법당을 다시 짓기 위해 땅을 팠다. 그 과정에서 고려 시대의 옥개석과 탑신의 부재들이 발견되어 법당을 규모 있게 짓고 삼존불을 모시기 위해 전력을 다했다.

이런 노력은 헛되지 않았다. 몇 해 전 법당 건물이 고찰로 등록되었을 뿐만 아니라 보살들이 방안에 모셨던 높이 30센티의 작은 목조 문수보살상이 유형문화재로 등재되었다. 하지만 지금도 언 땅이 녹으면 포클레인을 끌고 절 주변을 다듬으며 주지 스님으로 소임을 착실하게 실천하고 있다.

지금은 2월 중순이다. 그해 겨울을 구학산에서 보내고 이맘때 내려와 세상 속으로 합류해 살아온 세월이 60년이다. 그동안 살아보니 행복과 불행, 실과 득, 내면과 외면, 밝음과 어둠이란 상대성 원리로 함께 돌아가는 거대한 순환의 구조는 임계점을 같이했다. 다만 자신이 만든 프로그램의 변수에 따라 결과와 삶의 가치가 달랐다. 이제는 묵상만을 위한 시간이 필요할 때이다.

[인간과 문학 2023년 권두수필]

복숭아꽃 피던 날에

 복숭아꽃이 피었다. 2천5백 평의 너른 밭이 온통 연분홍빛으로 아련하다. 다섯 개 꽃받침을 딛고 핀 복숭아꽃은 막 초경을 치른 소녀의 맨살처럼 곱고 여리다. 게다가 비릿한 향이 에로틱하다.

 그러해서였을까. 안평대군은 꿈속에서 박팽연과 함께 복숭아 꽃밭을 거닐었던 꿈의 판타지를 오래 간직하고 싶어 궁중 화가 안견을 불러 '몽유도원'을 그려보라고 했다. 화가는 대군의 꿈속 스토리를 그림으로 표현하는 데 3일이 걸렸다. 그림은 선계를 연상시키는 깊고 높은 산과 골짜기 안에 집 두 채를 정갈하게 앉혔다. 그리곤 집 앞으로 수십 그루 복숭아나무 가지마다 꽃을 피운 '몽유도원도'는 당시 엘리트 문사들이 꿈꾸던 유토피아에 가까울 뿐, 땀 냄새와 노동의 역동성은 보이지 않는다. 그래도 안견의 그림 중 으뜸으로 치는 이 작품은 일본 '텐리대학 중앙도서관'에 소장되어 있다.

과수원 농사는 몸으로 하는 기도다. 사과 한 알에도 복숭아 한 알에도 농부의 땀과 정성이 배어 있다. 눈썹에 성에가 달라붙는 한겨울에도 전지가위를 들고 웃자란 가지를 쳐 주고, 턱없이 세를 불린 곁가지는 쳐내고 퇴비를 뿌리고 병충해도 미리 방지해 줘야 한다.

김기식 씨는 3대째 과수원을 경영하고 있다. 대학에서 '응급구조학과'를 전공한 후 소방서에 근무하던 그를 부친이 집으로 소환한 것은 8년 전이다. 그의 아버지 역시 젊은 날 동서커피 회사에 근무하던 중에 선친의 부름을 받고 집으로 돌아와 과수원 지기로 살아온 과정을 아들에게 똑같은 방법으로 대물림시킨 것이었다.

기식 씨는 부친이 조부의 부름에 순순히 응했듯 그도 군말 보태지 않고 부모님 뜻에 따랐다. 부친은 일찍이 조부에게 물려받은 과수원 5천 평이 성에 차지 않아 야산 1만 평을 개간하고 일본에서 신품종을 사다 심었다. 조부가 1970년대 초에 홍옥이란 재래종을 버리고 '부사'란 신품종으로 성공을 거두었듯이, 그의 아버지도 일본에서 개량한 다양한 품종을 수입하여 심었다. 계절에 따라 먹을 수 있는 아오리·홍로·시나노 골드, 그리고 서리 내린 후에 따는 '후지'로 나누었다.

그러나 유감스럽게도 코로나바이러스가 신인류의 목숨 수십만 명을 죽음으로 밀어 넣었듯 과수원에도 때를 같이하여 화상병이란 바이러스가 번졌다. 1만 평에 심어 놓은 30년생 사과나무가 잎이 마르더니 선 채로 말라 죽었다. 참혹한 사건이었다. 젊은 날 아버지가 소신공양하듯 받들어 키운 30년생 사과나무가 대형 포클레인의 삽자루에 뽑혀 몸통이 잘리고 뿌리는 땅에 파묻히는 기막힌 상황이 벌어졌다.

그래도 기식 씨는 절망하지 않았다. 아직도 친구 몇은 고시촌에서 10년씩 취준생으로 세월을 허송하는 걸 잘 아는 터라 아버지가 제 몫으로 떼어준 2천5백 평에 심어 놓은 복숭아 농사만으로도 공무원 연봉보다는 높은 수익금을 올릴 수 있음을 자신하고 최고의 품질을 만들기 위해 땀을 쏟고 공을 들였다. 복숭아 농사는 공들인 만큼 성과는 만족스러웠다. 5년 동안 복숭아밭에서 나온 수익금으로 밭 1천 평을 구입하고 그 밭에도 복숭아나무를 심어 내년부터는 3천5백 평에서 수확하게 되었다.

 이처럼 시련의 아픔은 새로운 도약을 꿈꾸게 할 뿐만 아니라 정신적으로도 성숙해지는 동기가 된다. 해가 질 무렵이면 연분홍 복숭아꽃은 노을의 프리즘과 섞여 고혹적으로 변한다. 저 고혹적인 복숭아꽃이 열매의 탄생을 꿈꾸는 지금은 복숭아꽃이 세상의 중심이다. 바람도 꽃의 숨결이 고와 몸을 낮추고 사뿐사뿐 안단테로 지나간다.

[그린에세이 2024년 5~6월호 권두에세이]

밥값

오랜만에 판화가 이철수 선생 집엘 찾아갔다가 책 두 권을 종이 가방에 받아 들고 돌아왔다.

집에 돌아와 펴보니 철수 선생 사인이 들어 있는 한 권은, 2024년 11월에 인사동 인사아트센터에서 '전태일 의료센터' 건립 기금을 돕기 위해 병풍 3점을 포함해 작품 58점을 전시했던 작품집이다. 철수 선생이 아내와 농사를 짓는 틈틈이 작업한 분신과도 같은 작품을, 비정규 노동자와 특수고용직 노동자, 배달 등 영세자영업자뿐만 아니라 가난한 여성과 아이들을 위한 의료건립 재단에 보탬이 되고자 내놓은 작품들이 실려 있다. 철수 선생은 산촌으로 들어가 40년 동안 그림과 판화를 팔아 사회로부터 소외받는 이들을 돕고, 환경운동에 앞장서 왔다.

또 한 권은 『공양』이라는 제목의 아주 작은 책이다.

저녁을 먹고 수경 스님이 쓴 '공양', 즉 '밥' 이야기부터 읽기 시작했다. 스님이 머리말 삼아 썼다는 〈수챗구멍의 우주〉로 시작된 이야기는 내가 어릴 때 밥상머리에서 받았던 교육과도 비슷해 다음 날 새벽에 일어나 잼처 읽었다.

스님들은 1년에 두 번 안거(安居) 철이 되면 큰절 선방으로 몰려든다. 이때 군인으로 치면 훈련병쯤 되는 행자들이 공양간에서 밥 짓는 일을 맡는다. 수십 명이 먹어야 할 밥을 지으려면 쌀을 씻어 솥에 안치는 일부터 배운다. 쌀을 일거나 콩나물을 다듬어 씻을 적이면 아무리 조심해도 워낙 양이 많으니 흘리기 일쑤다. 이렇게 흘린 것들이 바로 배수관으로 빠져나가면 좋으련만, 수각이라는 사각의 홈으로 가라앉아 부패된 후에야 배수관으로 내려간다.

덕숭산 정혜사 방장스님이 어느 날 공양간에 납시어 수각에 가라앉은 낟알을 보시고 공양주 소임을 맡았던 수경 스님을 불러놓고는 수각에 가라앉아 불어 터진 쌀과 밥알을 손수 바가지에 주워 담아 물에 씻어 몽땅 드셨다. 그리곤 수경 스님을 향하여 하산할 것을 명하였다. 이유는 행자가 수각으로 흘려보낸 밥알이 지혜의 눈으로 보면 우주의 모든 기운이 들어 있다는 거였다. 아울러 "그 쌀 한 톨이 여물 때까지 얼마나 많은 생명이 죽어야 했는지 아느냐? 또 농부의 땀은 어떻고? 그런 큰 은혜로 이루어진 게 우리가 먹는 밥이다."라며 이걸 소중히 여길 줄 모르면 중 될 자격이 없으니 곧바로 하산하라는 것이었다.

행자 수경 스님은 울면서 빌고 또 빌었다. 참회한다고 빌었고 용서해 달라고 사흘 동안 빌고서야 절에 남아 '밥'을 화두로 삼고 정진하면서 '밥을 짓는 일은 생명의 집을 짓는 일이고, 밥을 먹는 일은 세상과 함께하는 일이고, 세상의 은혜를 입은 일'이란 걸 깨우쳤다. 그리곤 이를 널리 알리고자 집필하여 책으로 엮으려 할 때 한 보살 가족이 출판비 전액을 보시해 무상으로 나누어 준 책이 『공양』이었다.

나처럼 해방 전후에 태어난 사람들은 밥상머리 교육을

철저하게 받았다. 밥상머리에 앉을 땐 자세를 바르게 잡아야 하고, 음식을 입에 넣고는 말하지 않아야 하고, 젓가락으로 반찬을 듬뿍 집는 행위를 삼가야 하고, 입맛이 없어 밥을 남길 경우엔 미리 밥을 덜어내야 하고, 밥알 하나라도 흘리면 얼른 손으로 주워 먹어야 했다. 밥알 하나에 농부의 손길이 여든여덟 번이 간다고 일러주었기 때문인데 이 말은 쌀미(米)자에서 비롯된 것으로 안다. 한문으로 쌀미(米)를 파자하면 양쪽으로 여덟 팔자가 나오고 가운데 열십자가 남는다. 이걸 합치면 팔십팔이란 숫자가 나온다. 실제로 기계로 농사를 짓기 전까지는 논을 갈고 모판을 만들어 모를 내고 추수를 한 다음에도 여러 단계를 거쳐 입으로 밥이 들어오기까지 사람 손길이 여든여덟 번 정도는 간다는 얘기였다. 그래 밥알 하나도 소홀히 여겨선 안 된다는 가르침을 밥상머리에서 귀에 딱지가 지도록 받아 지금도 밥을 푸면 밥솥에 물을 붓고 주걱과 솥에 묻은 밥알을 알뜰히 헹구어 먹는다.

　이번엔 철수 선생의 〈큰 그릇이야 늘 나누기 위한 준비〉 카탈로그를 펼쳐 들었다. 작품마다 철수 선생의 깊은 사유와 선문답처럼 간결한 문장이 매운 회초리 역할을 한다. 그중 내 마음을 사로잡은 건 〈녹색 땀 흘리는 한낮〉이란 작품이다. 길게 이랑진 밭고랑에 나란히 앉아 김을 매는 농부들을 두고 "내리닫이로 쓰는 옛 편지처럼 하루하루를 밭고랑에 적어 가는 사람들"이란 문장에 울컥 목이 잠겼다. 농사꾼은 밭고랑에 앉아 몸을 연장 삼아 농작물을 심고 가꾸며 삶의 이력을 쓴다. 날씨가 덥다고 꾀를 부릴 수 없는 게 농사다. 쌀농사만 여든여덟 번 손이 가는 게 아니다. 밭농사도 수십 번 손이 가고 피땀으로 가꾼다. 그래 콩 한 톨, 좁쌀 한 톨도 금쪽같다.

이를 철수 선생 내외도 농사꾼으로 이웃들과 한 통속으로 섞여 밭고랑에서 삶의 이력을 쓰는 사람들을 작품 속으로 끌어들였던 것이다.

전태일은 1970년대 인물이다. 평화시장 봉제공장에서 일하던 어린 여공들에게 차비로 풀빵을 사주고 자신은 먼 길을 걸어서 다녔다고 한다. 그가 열악한 환경에서 일하는 노동자들의 처우 개선을 위해 자신의 몸을 불꽃으로 태우고 떠난 지 반세기가 지나갔다. 그의 죽음은 헛되지 않아 직업병을 앓는 노동자들이 보상받은 보상금으로 건립한 녹색병원처럼 이번엔 전태일 의료센터 건립에 이철수 선생이 앞장섰다. 필경 세상과 밥을 함께 먹을 줄 아는 의인들이 십시일반 도와 의료센터를 완공시킬 것이다.

나 또한 밥값을 어떻게 갚아야 할지 고민 중이다. 밥값을 갚지 못하고 오래 사는 건 부끄러운 일이다.

[그린에세이 2025년 4~5월호 권두에세이]

쓸쓸한 문안

 사르트르는 "인간은 스스로의 선택에 의해 자신의 모습을 만들어간다"라고 했다. 신경림 시인을 생각하면 사르트르가 한 말이 먼저 떠오르는 것은 그분은 스스로 시인의 길을 선택하고 평생을 시인답게 살다가 돌아가셨기 때문이다.

 선생은 일제강점기에 태어나 시대의 풍파를 온몸으로 겪었으나 비굴하지 않았고, 배웠으나 세속적인 허욕에 사로잡히지 않았다. 가난하였으나 가난을 부끄럽게 여기지 않고 오히려 가난한 이들과 한통속으로 섞여 고단한 삶의 여독을 시로 풀어냈다. 지금도 내 귓가엔 "못난 놈들은 서로 얼굴만 봐도 흥겹다고, 이발소 앞에서 참외를 깎고, 목로에 앉아 막걸리를 들이켜던…" 시 〈파장〉 속에 등장하는 사내들의 걸쭉한 농담이 들려오는 듯싶다.

선생님을 처음 뵌 것은 2002년 5월 〈목계장터〉 시비를 세우던 날이다. 《실천문학》과 《창작과 비평》을 통해 얼굴을 익혔지만, 실제로 뵙기는 처음이었다. 예상했던 대로 키가 작은 편에 속하였고, 피부는 희고 눈빛은 맑고도 예리했다. 저 맑고 예리한 눈빛으로 군부독재의 억압과 민주주의란 이념 사이에서 빚어지는 이항적 대립으로 난항을 겪으면서도 민초들이 살아가는 삶의 곤곤함과, 강변에서 나부끼는 억새꽃과, 동구 안에서 의젓하게 품을 넓히는 느티나무를 통해 생명의 참모습을 찾아 노래하셨구나 싶어 다시 한번 발치에서 존경의 시선을 보내곤 먼저 자리를 떴다.

〈목계장터〉 시비는 충주시 문화예술과에서 선생의 시업을 기리기 위해 따로 예산을 편성해 남한강 물줄기가 한눈에 들어오는 목계나루 언덕에 세웠다. 시비에 새긴

글씨는 판화가 이철수 선생이 썼다. 필경 〈목계장터〉 시비를 세운다는 말을 듣고 글씨는 당연히 자신이 써야 한다고 나섰을 테다.

이철수 선생도 1980년대에 판화란 무기로 군부독재와 맞서 싸우던 용사였다. 그는 어느 날 현대중공업 노동자들이 크레인 고공에 자신이 만든 걸개그림 〈화염병 투사〉를 내걸고 농성하는 걸 보고 충격을 받아 1년 동안 고민한 끝에 용사들의 대열에서 빠져나왔다. 그리곤 안착한 곳이 오탁번 시인의 고향인 충북 제천시 백운면 평동리다. 작은 면 소재지로 들어온 화가는 논 닷 마지기를 장만하고 우렁이로 벼농사를 지으며 판화 속에다 농민들의 애환과, 자연의 아름다움을 선화(禪畵)로 승화시키는 아티스트이다.

그날 시비 제막식에 오신 선생께선 무척이나 흡족해 하셨다. 목계나루는 일찍이 뗏목을 이용하여 물물교환의 메카로 알려진 곳이다. 연작시 〈남한강〉의 발원지에 시비를 세운 것은 충주 시민의 자랑이고 선생님에 대한 예우이기도 했다. 게다가 점심은 시비 옆, 지붕이 낮은 허름한 강변횟집에서 내빈과 주민들이 함께 어울려 먹었다. 목계강에서 건져 올린 다슬기에 부추와 아욱을 듬뿍 넣어 끓인 토장국이었으니 시와 음식마저 구색을 제대로 갖춘 셈이다.

선생님께선 평생 시를 찾아 떠도는 노마드였다. 일정한 패턴에 묶이는 걸 원치 않았던 시인은 스스로 자신을 유랑의 길에 방목시키고 자신이 견뎌내야 하는 삶의 풍파를 징표로 삼았다. 더러는 옛 친구의 목소리가 그립고 어릴 적 구슬치기하던 장소가 그리움으로 차오르면 서슴없이 집을 나섰고 고향을 찾아갔다. 하지만 고향은 점점 낯설어져 갔다. 경제성장의 속도만큼 농촌의 환경도 바뀌고 인심마저 변함을 몹시 섭섭해하였다.

이때 시작한 것이 〈남한강〉 연작 시다. 권력에 아첨하여 참판이란 벼슬을 얻고 가난한 농민들 등쳐 먹는 관료들의 어리석음을 빙자한 이야기로 시작된 〈남한강〉은 시를 이루고 있는 역사성과, 일본인들의 행실에 대한 비웃음과 6·25전쟁을 겪었던 끔찍한 사건들과, 전쟁으로 폐허가 된 자리에서도 수단과 방법을 가리지 않고 살아내려는 민중들의 억척스러움을 시에 고스란히 담았다.

뿐만 아니다. 지린내 질펀한 재래시장 뒷골목에 밴 장삼이사들의 구구한 사연과, 그런 소읍을 끼고서 해 질 녘이면 조용히 내리는 적적한 어둠과, 그 어둠살을 끼고 이내처럼 깔리는 쓸쓸한 시의 정조(情操)를 한 줄도 빼놓지 않고 시로 옮기기 위해 충주시장 골목은 물론 남한강 주변을 샅샅이 뒤지고 다녔다. 발로 걷고 눈으로 보고 귀로 들어 채록했다.

그것도 지극히 평범한 언어로 썼다. 문장 어디에도 눈으로 본 사물들을 언어의 개념으로 꾸미지 않고, 언어의 유희도 들어 있지 않았다. 온전히 우리말과 시인의 몸에 밴 고유한 정서와 시어로만 구성된 서사적인 문장들이 산굽이를 멀리 돌아나가는 강줄기처럼 유장하고 아득할 뿐이다.

선생님 시 선집에 해설을 단 이병훈 선생은 "최고의 재능은 자연스러움"이라고 했다. 그분의 말씀대로 선생님의 '시적 미학'을 구태여 꼽으라면 '자연스러움'이라 할 수밖에 없다. 하지만 '자연스러움'이란 최고의 재능에 이르기까지 작가가 깨달아가며 배워야 할 길이 얼마나 어려운 길인가를 잘 알고 있기에 나는 '자연스러움'이란 형용사를 감히 입에 담지 못한다.

선생께선 숨을 내려놓고서야 충주시 노은면 연화리 151번지 선산으로 돌아오셨다. 장례를 치르던 날, 고인의 시를 써 만든 만장 50개를 든 행렬은 5월의 산하를 들썩이며 빛났다. 하지만 선생께선 이를 보고 혀를 끌끌 쳤을지도 모른다는 생각이 들었다. 평소 남의 신세 지는 것도, 요란한 형식 따위를 지독하게 싫어하던 분인지라 가족장으로 조촐하게 치를 것을 자손들에게 당부했다지만, 태어남도 자신의 의지와 상관없었듯 사후의 일 또한 자신의 뜻대로 되어지지 않는 게 사람살이다.

오늘 선생님 유택에 찾아가 술 한 잔 올렸다. 세 번째 문안이다. 첫날은 삼우제여서 찾아갔고, 두 번째는 묘소에 놓인 꽃바구니와 화환에 꽂힌 꽃들이 시들어 널브러진 꼴이 보기 흉해 그걸 거두기 위해서였다. 그리고 세 번째

발걸음은 어제 밤늦도록 읽은 대서사시《남한강》여운에 이끌려서다.

  검은 대리석에 새겨진 선생님 존함을 가만히 손으로 어루만지며 여쭤보았다. 반세기 만에 아내 곁으로 돌아와 누우신 감회가 어떠하시냐고? 저승에서도 뼛속까지 시인으로 사실 거냐고? ….

  적막한 숲에선 산비둘기만 청승맞게 울뿐 고인은 묵묵 부답이셨다.

[문학인신문 2024년 6월 특별기고]

자화상에 숨은 이야기

『공재 윤두서의 자화상』을 처음 대한 것은 1985년 삼성출판사에서 출간한 『東洋의 名畵』를 통해서다. 총 6권으로 제작된 화집에서 공재의 초상화는 2권 첫 장에 나온다. 화선지 가득 얼굴만 돌출시킨 독특한 화법에 나는 적잖이 놀랐다. 증명사진을 찍듯 정면을 직시한 얼굴에서 풍기는 강인한 이미지에 압도당하는 느낌이 들어서다.

르네상스 시대의 독일 화가 알브레흐트 뒤러의 자화상도 증명사진을 연상케 할 정도로 묘사가 정교하다. 그러나 숱 많은 곱슬머리를 양쪽 어깨선까지 내리고, 오른손으로 코트 깃을 잡고 있다. 당시 유행하던 직포 캔버스와 오일 안료를 이용하여 마치 사진관에서 증명사진을 찍은 것처럼 극사실적이어서 그림이란 느낌이 들지 않는다. 이에 비하면 공재 선생의 자화상은 얼굴만 돌출하도록 그렸으나 사실적인 화법이 매우 자연스럽다. 그림을 보수하는 과정에서 옷의 선은 없어졌다고 하더라도 머리에 쓴 탕건도 반만 그리고 귀도 생략했다. 오로지 밝은 혈색의 피부를 바탕으로 이마와 잘생긴 코, 꽉 다문 입매, 강렬한 눈동자와 가지런히 손질된 무성한 구렛나루와 정면을 직시한 자화상은 지금껏 내가 본 수많은 자화상과 초상화 중에선 독보적이다.

표암 강세황도 자화상을 그렸다. 예원의 총수였던 그는 70세에 머리에는 오사모를 쓰고 도포에 붉은 세조대를 매고 앉은 자세를 그렸는데, 온화한 표정과 맑은 눈동자가 욕심 없이 잘 살아온 선비의 바른 모습이 그대로 느껴진다.

강세황은 김홍도의 스승이다. 그가 안산 처가에서 글과 그림을 벗하여 지낼 때, 예닐곱 살 정도 된 김홍도를 문하에 들여 글을 가르치고, 당신이 배우고 닦은 화법을 아낌없이 전수했다. 그리고 20대 초의 김홍도를 궁중 도화서 화원으로 들여보냈다.

당시 강세황은 문인으로, 미술평론가로 명망이 높았다. 게다가 김홍도가 도화서로 들어갔을 때는 영조대왕이 승하하고 왕세자였던 정조가 왕위에 오른 직후였다. 후세 사람들이 그 무렵을 두고 문예부흥 시기로 일컫는다. 정치 분야엔 실학의 대가였던 정약용과 채제공이 있었고, 문학 쪽으론 연암 박지원과 유득공, 심환지, 박제가 등이 있었다. 또 미술 분야에선 강세황과 김홍도, 김득신과 이인문, 이명기 등이 시대가 요청하는 새로운 방향을 제시하는 화풍을 이끌어갔기 때문이다. 게다가 정조는 즉위하자 젊은 인재 양성과 학문 연구를 위해 규장각을 세웠는데 규장각 설계도를 김홍도에게 맡겼다.

정조대왕은 표암 강세황 못지않게 김홍도의 인간된 점과 학문과 재주를 끔찍이 아꼈다. 왕의 등극 기념으로 여덟 폭 병풍으로 그려준 〈군선도〉를 보고 감동한 정조는 단원에게 "네 붓 끝에 내 꿈을 실어도 되겠느냐? 네가 내 눈과 귀가 되어 서민들의 숨결을 빠짐없이 그려오라." 하명하였다. 김홍도는 왕의 하명에 감읍하였다. 왕이 백성들이 살아가는 모습을 일일이 관찰할 수 없어 내린 어명임을 잘 알고 백성들이 사는 현장으로 나가 눈으로 본대로 그림으로 옮겼다. 서당에서 공부하는 아이들, 더위를 못 견디어 웃통을 벗고 게걸스럽게 새참을 먹는 농투성이들, 빨래터의 여인들, 씨름, 무동, 우물가, 타작, 말굽에 징 박기, 노상에서 점보는 장면 등등을 실사대로 그려 정조께 바쳤다.

왕은 단원이 그려다 준 그림을 보면서 백성들이 살아가는 모습을 관찰하였고, 군왕으로서 백성을 어떻게 보살펴야 하는가를 배우고 깨달았다. 그게 바로 조선 시대의 풍속화로 자리를 잡게 되었던 것이다.

단원은 타고난 성품 자체가 예인임을 당시 문인들이 쓴 제찬(題贊) 수십 통을 통해 알 수 있다. 40대에 그린 자화상을 보면 방안에 놓인 기물들이 하나같이 깔끔하게 정돈되었고, 탕건을 쓰고 평상복 차림으로 허리를 꼿꼿하게 곧추세우고 앉은 자세와 얼굴에서 풍기는 이미지만으로도 우아한 기품이 한눈에 들어온다. 그러나 정조가 승하하자 그는 아들 김양기에게 화풍을 물려주고 고향 안산으로 내려가 거문고를 타면서 향 피우고 앉아 솔바람 소리를 벗하며 살았다.

단원의 자화상은 유홍준 선생이 1997년 북한을 방문하였을 때 평양에 있는 조선미술 박물관 수장고에 있는 걸 사진으로 찍어와 그의 『화첩기행』 2권 표지화로 쓰면서 우리에게 알려졌다.

오성 이항복의 현손이었던 이광좌도 자화상을 남겼다. 그는 드로잉 형식으로 평상복에 탕건을 쓴 기름한 얼굴과 검은 수염을 그렸으나 날카로운 눈매가 정치인으로 오래 살아온 강인한 의지를 가감 없이 드러낸다. 영조 때 네 번이나 영의정에 올랐던 그가 말년에 탄핵을 받고 울분을 참지 못해 단식 중에 죽었다고 한다. 예나 지금이나 권력은 오래 누리면 화를 당하기 마련이다.

추사 선생도 자화상을 남겼다. 선문대학 박물관에 있는 추사 선생의 자화상은 선생께서 과천에서 말년을 보낼 때

탕건만 쓰고 평상복 차림의 자신의 모습을 그린 것인데, 여기에 달아 놓은 화찬(畵讚)이 명문이다.

나라고 해도 좋고 나가 아니라 해도 좋다./ 나라고 해도 나고, 나가 아니라고 해도 나다./ 나인가 아닌가를 두고 나라고 우길 일도 없다.
제석천에는 구슬이 많고도 많고,/ 누가 큰 마니주 속에 비친 모습을 잡아낼 수 있겠는가?/ 하하. 과천 노인이 스스로 짓다.
謂是我亦可 謂非我亦可 是我亦我 非我亦我 是非之間 無以謂我 幸珠重重 誰能執相於大摩尼中 呵呵, 果老自題

시대의 풍파를 온몸으로 겪었던 노옹께서 '나'라는 자아를 놓고 스스로 희롱하는 경지가 부럽다.

공재 윤두서의 자화상은 우리나라 자화상 중 유일하게 국보로 지정되었다. 그는 1668년 5월 20일 해남 백련동에서 태어났다. 아버지 윤이후와 전의 이씨 어머니 사이에서 넷째 아들로 태어났으나, 백부 윤이석이 자손을 두지 못해 윤두서를 양자로 삼았다. 필설에 따르면 백부가 사주를 보니 아들 넷 중 갓 태어난 아기 사주가 제일 좋아 강보에 싸인 채 입양되었다고 한다.

양부 윤이석은 학문이 출중한 선비로 명성을 떨치었다. 윤선도의 장손이었던 그는 가문을 이어갈 양아들이 말을 배우면서부터 글을 가르쳐 5~6세엔 붓으로 큰 글씨와 초서까지 쓰도록 교육하였다. 그런 다음 공재가 11세로 접어들던 해에 조정으로부터 건축에 관련된 직책을 맡게 되자 가족을 데리고 한양으로 올라가 고산 윤선도가 살던 종현(鐘峴) 고택으로 들어갔다. 그곳에서 소년은 양부가 구해다 준 『당시화보』와 『고씨화보』를 펼쳐놓고 점 하나 틀리지 않도록 꼼꼼하게 모사를 시작하여 나름대로 화풍을 익혔다. 26세에 진사 시험에 합격했으나 서인들이 득세하던 때라 벼슬에 욕심을 내지 않고 오로지 그림 그리기와 학문에만 매진하였다고 한다.

이런 점을 고려해 보면 자신의 초상화에서 앞을 똑바로

직시한 강렬한 눈빛과 꽉 다문 입매를 강조한 것은 시대에 대한 내적인 반항이었을지도 모른다. 성리학과 의학, 음악, 회화, 서예 등 어느 장르에서건 뛰어난 기량을 보였던 그가 재야에 묻혀 48세를 일기로 생을 마친 것은 애석한 일이 아닐 수 없다.

조선 시대에도 얼굴을 그릴 때는 기본적인 비율이 정해져 있었다. 기름먹인 투명한 유지에 초안을 잡았다고 하는데 얼굴 모양을 그릴 땐 반드시 삼정(三停)과 오부(五部)로 나누었다. 여기서 상정은 이마, 중정은 코, 하정은 턱이다. 또 오부는 코를 중심으로 얼굴 크기의 비례를 나눈 방식이 피타고라스가 발견한 정오각형 비율과 비슷하다. 만물의 근원을 수학의 법칙으로 설명했던 피타고라스가 발견한 정오각형의 변과 길이의 비율을 수학자들은 간략하게 1:1.6으로 친다. 어느 쪽으로도 기울지 않는 안정감 있는 비율로, 조선 시대 화가들도 5부로 잡았다. 그리고도 절대로 지켜야 할 법칙은 "털끝 하나, 머리칼 한 가닥도 더하거나 빼면 다른 사람이다. 있는 그대로, 보이는 그대로" 그려야 했다.

이렇듯 극사실적으로 그리다 보니 피사인의 얼굴에 난 점 하나도 빼놓지 않았다. 흑단령을 입고 고매한 미소를 띤 추사 선생의 코와 양쪽 볼 언저리에는 천연두를 앓았던 흔적이 옅게 남아 있다. 당대 최고의 화원인 이한철이 남긴 걸작이다. 영조 때 병조판서를 지낸 오명환은 곰보 자국에 흑색 황달까지 죽음의 그림자가 검게 드리운 자신의 모습을 초상화로 그리도록 허락했다. 영조 때 공조판서를 지낸 송창명의 초상화도 그가 백반증을 앓아 얼굴 반쪽이 하얗다.

화가가 개의치 않고 피사인들의 얼굴을 사실대로 그릴 수 있었던 것은 선비의 정직함과 초상화의 법칙을 올곧게 지켰기 때문이다.

다시 공재의 그림으로 돌아간다. 그의 작품 중 〈고사독서도(高士讀書圖)〉와 〈하일오수도(夏日午睡圖)〉에 등장한 인물 역시 자신의 모습이다. 정자 뒤로 바위와 대나무를 배경으로 책을 펴놓고 앉아 있는 주인공의 살피듬 좋은 안색이며, 치켜 올라간 눈꼬리와 눈썹, 고고한 자세가 영락없이 공재다. 〈하일오수도〉에서 평상에 비스듬히 옆으로 누워 잠든 화면 속의 노인 또한 공재의 모습이다.

르네상스 시대에 서양화가들도 작품을 의뢰받으면 작품 속에 자신을 그려 넣는 행위가 다반사였다. '아테네학당'을 맡았던 라파엘로는 플라톤과 아리스토텔레스, 소크라테스와 디오게네스, 피타고라스까지 등장시켜 놓고, 오른쪽 하단에 모자를 쓰고 관객을 바라보는 듯한 인물로 자신을 그려 넣었다. 똘레도에 있는 산토도메 성당 안의 〈오르가스 백작의 매장〉을 의뢰받았던 엘 그레코는 자신뿐만 아니라 어린 아들까지 그려 넣었다. 또 보티첼리가 그린 '아기 예수 탄생'에 등장하는 〈동방박사 경배〉에서도 오른쪽 화폭에서 관람객을 응시하는 인물이 보티첼리이다.

17세기 네덜란드의 거장 렘브란트는 생전에 60점이 넘은 자화상을 그렸다. 그 역시 작품 〈사도 바울〉에서 자신의 얼굴로 사도 바울을 대신했다. 이처럼 많은 화가들이 그리스 신화나 성경에 나오는 인물을 의뢰받으면, 자기 후원자와 가족들 또는 자신의 얼굴을 모델로 삼아 그림

속에 등장시켰다.

　공재 윤두서는 나이 마흔여섯에 자화상을 그렸다. 일국의 재상이 되고도 남을 인물이라고 칭송을 받았던 그가 쥐의 수염으로 만든 붓으로 자신의 수염 한 올 한 올을 세심하게 묘사하면서 무슨 생각을 했을까. 그는 자화상을 통해 무엇을 말하고 싶었던 것일까. 같은 파끼리 뭉친 붕당 정치에서 빚어지는 온갖 모순에 대한 저항, 아니면 자아 본질에 대한 성찰, 그도 아니면 재야의 적적한 일상의 무료함을 위로하고 싶어서였을까. 이런저런 궁금증이 자꾸만 곁가지를 친다.

　이쯤에서 화첩을 접어야겠다. 어느새 해가 지고, 창밖 저 멀리 가로등 불빛이 풍등처럼 아득하다.

[한국산문 2025년 7월호]

※참고 자료
- 차미애 논문집 『恭齋 尹斗緖 一家의 繪畫硏究』 44쪽, 49쪽
- 『초상화의 비밀』 국립중앙박물관 출판, 270쪽
- 이성낙 저 『초상화, 그려진 선비정신』 149쪽
- 이재원 저 『김홍도』 129쪽

가을비 내리는 날에

 한로가 지나면 촘촘하던 숲이 조금씩 성글어지기 시작한다. 절기가 삼강에 이르면 활엽수들은 엽록소가 완전히 분해되고 제 몸속에 숨어 있던 색소들이 드러난다. 벌써 아파트 정원의 나무 중에 안토시아닌이 강한 나무들은 붉은빛으로 물들고, 카로티노이드를 품은 나무들은 황금색으로 곱다.
 가을에는 막연히 길을 나서고 싶어진다. 이마에 스치는 소슬한 바람결에 몸을 맡기고 목적지 없이 훌쩍 떠나서 오래된 사원이나 절터로 찾아가면 서늘한 비애가 달려든다. 달려드는 비애를 품고 보랏빛 쑥부쟁이나 산국 몇 송이 손에 따들고 가을 냄새를 맡으면서 사위어가는 풀숲을 헤치고 안으로 들어서면 늙은 사마귀나 여치, 메뚜기 등을 만나게 된다. 인적 없는 곳만 농약 살포를 피할 수 있는 곤충들의 영지다. 이 영지에 여름내 그들의 겹눈 속에 비치던 이슬 맺힌 들꽃들의 잔영도 더는 남아 있지 않을 테다. 눈빛도 퇴화되고 갈색으로 늙어가는 몸뚱이는 굼떠 사람이 다가가도 도망조차 치지 못한다. 산촌에서 살면서 가을이면 뜰 아래서 숱하게 보았던 생명들의 잔영이다.

이래서 가을엔 눈에 띄는 것마다 애잔하다. 흙에 터전을 잡고 살았던 수많은 종이 제 몫을 살고 표표히 떠난 흔적들을 보면 생각이 깊어진다. 작은 생명에게 주어진 한 철이란 시간은 짧다. 열매 맺고 새끼 치고 그 소임이 끝나면 죽음을 맞는다. 오늘은 죽어가는 생명들의 몸뚱이를 적시는 가을비가 종일 내린다. 임종의 비읍이다.

그러나 소멸의 질서는 아름답다. 그 질서가 없다면 지구는 생명들의 포화상태로 지옥을 방불케 할 것이다. 쇠를 녹일 듯 아스팔트를 달구던 태양의 열기도 순환의 질서를 따라 스스로 물러나지 않았던가. 내일은 상강이다.

필경 이 비가 그치고 나면 창밖에 걸린 수은주 눈금은 아래로 곤두박질칠 것이다.

팔짱을 끼고 바람의 현을 타고 유리창에 와 부딪혀 흘러내리는 하얀 물방울을 지켜본다. 물방울의 흐름으로 하여 건너편 아파트 건물과 산과 길과 언덕의 풍경들이 그로데스크하게 비친다. 이런 날엔 커피를 마시면서 음악을 들어야 우울한 감성을 달랠 수 있다. 잘 볶아진 커피 알은 도토리와 알밤처럼 적갈색이다. 그러해서인가, 가을비 내리는 날의 커피 향과 맛에 나는 반한다. 커피머신에 적갈색 가루 세 스푼을 넣고 물의 양을 맞춘 다음 커피머신에서 한 방울씩 떨어지는 물방울 소리를 듣는다. 벌써 실내는 떨어지는 물방울과 함께 커피 향으로 가득 찬다.

커피는 첫 모금이 첫째다. 먼저 후각을 자극하는 향기로 커피 맛을 반은 즐긴 셈이다. 갈색의 맑은 액체가 입안으로 들어가는 순간 미뢰란 세포들이 일제히 환호한다. 조금은 쓴맛과 약간의 신맛이 어울리면서 번지는 첫 한 모금으로 하여 그다음 맛은 의미 없이 따라붙는다.

이번에는 음악을 들어야 할 차례다. 커피잔을 들고 컴

퓨터 앞으로 다가앉는다. 아스트르 피아졸라가 작곡한 〈망각〉을 듣기 위해서다. 세상이 좋아져 내가 원하는 곡명을 치고 클릭하면 실황 녹화를 감상할 수 있다. 이런 음악을 마니아들을 위해 오픈해 놓은 카페지기에게 정중하게 인사를 하고 '기돈 크레머'가 연주한 〈망각〉을 클릭하고 눈을 감는다. 음악은 눈을 감고 들으면 더 명징하게 선율 하나하나가 내 안으로 파고든다. 고독한 우수가 노련한 연주자의 활을 타고 울려 나온다. 죽음 앞에서도 멈추지 못하는 귀뚜라미 울음처럼 가냘프게 전개되는 선율이 아득하다. 내가 살아온 모든 경험이 무의식으로 사라지는 것 같은 착각을 느낀다.

    그러나 나는 안다. 의식 밖 시간 저편은 아직 미지다. 지금 오롯이 나만을 위해 존재한다. 가을비 내리는 날에 차와 음악과 함께.

[문학인신문 2024년 10월]

벽틈 사이로 빛이

늦은 여름날이었다. 시내에 있는 도립병원으로 가려면 아침부터 서둘러 완행버스를 타야 했다. 하지만 남한강에 다리가 놓이지 않던 시절이라 버스와 함께 배를 타고 강을 건너 다녀오면 하루해가 거반 기울었다. 그날도 결핵과 피부약을 타들고 돌아오던 나는 자신도 모르게 발길이 교회로 향하고 있었다.

엄정초등학교 뒤로 장로교회가 들어선 건 6·25 한국전쟁이 끝난 후였다. 50평 정도의 건물은 엉성했다. 지붕은 짚으로 이엉을 엮어 올렸고, 양쪽으로 세운 기둥 여섯 개는 굵은 소나무를 베어다 껍질만 벗겨 세웠다. 벽채는 수

수깡을 엮은 다음 황토를 발라 겨울철이면 외풍이 세었다. 게다가 바닥엔 멍석을 깔아, 무릎을 꿇고 앉아 기도를 바치거나 설교를 듣고 일어서면 무릎에 멍석 무늬가 선명하게 남았다. 그래도 교회 종탑만은 양철로 지붕을 올렸고, 건물 높이로 종을 달아 놓고 밑에서 줄을 잡아당겨 종을 치도록 만들었다. 교회가 가난하여 목사님을 모시지 못하고 전도사님이 종도 치고 설교는 물론 교회 살림을 꾸려가면서도 시간만 나면 신자들을 모으기 위해 전도에 열정을 쏟았다.

그 교회에 내가 처음 발을 들여놓은 건 초등학교 5학년 때다. 옆집 선자 선배를 따라갔으나 낯가림이 심해 또래들과 어울리지 못하고 예배를 마치기 전 혼자 집으로 돌아왔다. 그 후에 가끔 선배를 따라 주일이면 교회를 나갔지만, 집안 대대로 불교를 믿었던 터라 친구 집에 놀러 간다고 어머니를 속여야 했다.

교회 문은 늦은 오후였지만 잠겨 있지 않았다. 아니 아예 자물쇠를 달아 놓을 장치마저 없었다. 문고리에 쇠꼬챙이 하나 옆으로 질러 놓으면 그만이었다. 나는 누가 볼

세라 사방을 두리번거린 다음 빗장으로 질러 놓은 쇠꼬챙이를 빼고 교회 안으로 들어갔다. 황토벽에 매달아 놓은 십자가를 향해 무릎을 꿇자 이내 눈물이 펑펑 쏟아졌다.

2년째 혼자서 앓던 아픔, 남들과 섞일 수 없었던 외로움이 왈칵 터졌다. 엄마 앞에서도 울지 못한 울음이었다. 아예 엎드려 속이 후련하도록 흐느끼고 난 다음 고개를 들었을 때 갈라진 벽틈 사이로 한 줄기 빛이 바닥에 깔렸다. 가늘었으나 빛은 밝았다. 나는 가만히 일어나 가늘고 길게 드리운 빛의 길이에 따라 팔을 베고 옆으로 누웠다. 눈물에 젖었던 얼굴이 마르고 몸이 나른해졌다. 나도 모르게 빛 속으로 녹아들었다.

시간이 얼마나 지나갔는지 모르지만, 가만히 내 어깨에 손을 얹고 기도하는 목소리가 들렸다. "주님, 이 자녀에게 자비를 베푸시고, 주님만을 믿고 따르게 해 주옵소서." 그리곤 조용히 일어나 문을 닫고 나갔다. 전도사님이었다. 몇 번 교회에 나와 얼굴은 익혔지만, 찬송가도 부르지 않고, 손엔 성경책도 들려 있지 않았음을 모를 리 없었을 터였다. 하지만 아무것도 묻지 않고 야윈 몰골로 잠든 열여

덜 소녀를 위해 기도만 해 주고 자리를 비켜 주었던 것이다.

어느덧 해는 저물어 벽틈 사이로 들어오던 빛도 사라졌다. 놀라 교회 밖으로 나오자 집집마다 굴뚝에서 솟아오르는 저녁연기가 비행기운처럼 길게 꼬리를 이어 허공으로 흩어졌다.

오랜 세월이 흘러간 지금도 기억 저편에서 벽틈 사이로 들어오던 빛의 명료함과, 모로 누워 잠들었던 소녀 모습이 떠오르면 아릿한 통증이 피돌기를 타고 전신으로 번진다. 약의 부작용으로 6년 동안 나를 괴롭히던 창백한 시간을 잘 견디어 냈고, 주어진 대본에 어깃장 한 번 부리지 않았다. 그렇게 아픔으로 산전수전 다 겪고서도 여전히 울고 싶은 날이 있고, 그럴 적마다 울 곳이 필요하다.

저녁 한때를 소요하다

나는 11월을 좋아한다. 11월은 가을에서 겨울로 넘어가는 경계선에 놓인 징검돌이다. 단풍의 축제도 11월 중순이면 막을 내린다. 여기저기에서 나뭇잎은 바람이 불지 않아도 제풀에 시나브로 떨어진다. 산책길은 물론 아파트 보도블록 위에서도 발자국을 떼어 놓을 적마다 자박자박 밟힌다. 그야말로 일엽지추(一葉知秋)다. 떠날 때를 스스로 알고 돌아가는 잎들의 소연한 귀의가 아름답고도 쓸쓸하다. 현자들은 이런 현상을 두고 우주의 질서라 하였다.

우주의 질서는 참되다. 소멸하는 것들이 있어야 태어나는 것들이 생긴다. 11월은 멸하는 것들뿐이다. 추수를 마치니 논도 밭도 텅 빈다. 텅 비어야 논두렁과 밭두렁이 보이고 산도 나무도 본래의 제 모습이 드러난다. 이렇게 비우지 않으면 산의 능선과 골짜기의 구도를 정확하게 볼 기회가 없다. 정원의 나무들도 밑둥치에서 하늘 향해 쭉쭉 뻗어나간 가지 중에서도 가늘고 굵고, 짧고 마디진 부분까지 모여 조화를 이루고 있는 진짜의 형태를 언제 보겠는가. 풍경만 남겨두고 명년 봄을 위해 대지도 나무들도 겨울잠에 든다. 바람이 아무리 불어도 끄떡도 하지 않은 응집과 의연함이 참되다.

그러나 지금은 9월이다. 가을과 겨울의 길목에 놓인 징검돌을 밟으려면 두 달은 족히 기다려야 할 터이다.

오후 여섯 시면 산책을 나선다. 저녁 답이래야 인적이 끊긴다. 소슬한 바람결에 벚나무 잎 하나가 툭 어깨를 친다. 처서 지난 지 한 달이 넘었으니 탄소동화 작업을 멈추었을 테다. 그렇다고 저 혼자 먼저 떨어지는 건 순리를 어기는 짓이다. 필경 떨켜도 만들지 못하고 떨어져 나왔을 것이다. 먼저와 나중이란 순서를 어기는 불상사는 인간사에만 있는 게 아니다. 지구 중력에 속한 생물들은 모두 저마다 돌아가는 사연이 분분(紛紛)하다.

산책로에 놓인 벤치에 앉는다. 문득 꿈결인가 싶게 박새 한 마리가 날아와 자작나무 가지로 앉아 고개를 갸웃거린다. 무슨 궁리를 하는 모양새다. 잠시 고개를 들어 노을 진 하늘을 응시한다. 작고 반짝이는 눈빛이 천진하다. 그러나 새는 앉은 자리에 오래 머물지 않는다. 다시 포르릉 날아가 버린다.

작은 새가 날아간 가지에 홍싯빛 노을이 내린다. 아니 숲 전체가 노을에 안긴다. 지금 숲에 내리는 노을은 무위한 현상이다. 태양의 빛이 자전하는 지구의 모퉁이에서 어둠을 만나기 직전에 잠시 일으키는 빛의 파장일 따름이다. 이 짧은 빛의 파장 속에 내가 홀로 안겨 자연의 섭리에 순응하는 것들을 지켜보고 있다.

떠나고 사라지는 것들은 하나같이 고요하다. 나도 방금 떨어진 벚나무 잎처럼 홀연히 낙종(樂從)하고 싶다. 더 이상 꾸려온 삶에 여한을 보태고 싶지 않다. 시류에 따라 이리저리 휩쓸리기도 하면서 삶의 변수를 여러 번 겪었고, 자식들도 품에서 떠나 제 살길 찾아간 지도 십수 년이다.

생은 저물고 육신은 노쇠해졌다. 이 또한 자연의 섭리임을 어찌 따르지 않겠는가. 하여 나는 저물녘에 숲길을 소요할 수 있음을 소중히 여긴다. 홀로 소요하며 박새와의 짧은 만남, 어깨를 툭 치고 땅으로 가볍게 내려앉는 벚나무 한 잎의 그 깔끔한 소멸을 저녁 선물로 품에 안고 일어선다.

산책길을 벗어나니 아파트 단지 저편 건물 꼭대기에 세운 십자가가 눈길을 끈다. 예수님은 건물 지하에도 외딴 산속에도 계신다. 처처에서 인간들의 기도에 갇혀 한시도 자유로울 수 없으시다. 지구촌 곳곳에서 밤낮으로 별별 사연을 다 아뢰며 도와달라고 애원한다. 오죽하면 니체는 차라투스트라 입을 통해 "모든 신은 죽었다"라고 외쳤을까. 네 인생이니 제힘으로 살아내라고, 신에게 매달리지도 의탁하지도 말라고 일갈하고 싶었는지 모른다. 그렇지 않고서야 "인간은 극복되어야 할 어떤 존재"라고 쐐기를 박을까. 어떠한 난관도 자신의 힘으로 극복할 때 삶의 성취감과 새로운 의욕이 생기는 것임을 제시했던 것이다. 스스로 삶의 중심에 서서 나답게 살아야 생의 진정한 가치를 깨달을 수 있음을 니체를 통해 크게 배운 바 있다. 그가 원하는 위버멘쉬까지는 못 되었어도.

  다시 천천히 걷는다. 나답게 걷는다. 인간은 철저하게 단독자다. 어디에도 기대지도 말자. 벚나무 잎처럼 홀연히 낙종하려면 나답게 살아야 할 터이다.

[만해재단 2023년 11월호 웹툰 님]

※ 참고: 『니체의 삶』 389쪽

한밤에 쓰는 편지

　산중의 밤은 고요합니다. 고요한 풍경들을 둘러싸고 있는 어둠은 화선지에 번진 수묵처럼 부드럽고 편안합니다. 고개를 젖히고 별자리를 올려다봅니다. 어느새 지붕 위에서 흐르던 은하수가 뒷산 상수리나무 사이로 물길을 돌렸네요. 북두칠성도 국자 모양의 머리를 서쪽으로 향했습니다.

　지금쯤 당신께선 깊은 숙면에 드셨을 것으로 압니다. 저는 며칠째 불면에 시달리고 있습니다. 당신께서도 경험해 보시어 잘 아시겠지만, 잠들지 못하는 사람에게 있어 밤이란 암전은 마치 대사를 잃어버린 연기자처럼 불안과 초조함으로 피가 잦아들지요. 곧 불이 들어오고 막이 오르면 감독의 손끝에서 사인이 떨어질 터인데 자기에게 맡겨진 대사가 한마디도 떠오르지 않을 때의 초조함이란 오죽하겠습니까.

저 역시 잠을 통하여 바닥난 에너지를 충전해야 하는데 잠을 이루지 못하면 잠에 대한 강박감에 쫓기게 됩니다. 닭이 두 홰를 치면 신경세포들이 긴장하여 손가락이나 장딴지에서 쥐가 일어 뒤틀리는 지경에 이릅니다.

이럴 때는 잠과의 대립을 피하는 것이 상책입니다. 시디플레이어를 열고 카라얀이 지휘한 비제의 『카르멘』을 넣고 1막 전주곡에서부터 4막 간주곡까지 듣고 밖으로 나왔습니다. 종종 음악을 듣노라면 당신과 예술의 전당에서 열리는 목요음악회에 갔던 일이 생각나곤 합니다.

그날 당신은 발에 붕대를 감고 나오셨지요. 오이지에 부어야 할 끓는 물을 실수로 당신의 발등에 들이부어 화상 2도의 진단을 받았음에도 불구하고 당신이 예매한 콘서트 티켓을 나누어 주기 위해 외출을 감행했습니다. 저는 내색 못 했지만 가까운 곳에 사는 이 선생에게 부탁하고 집에 계셨으면 싶었습니다. 하지만 당신 성품은 아무리 가까운 사이라 해도 심부름을 시키는 일은 용납하지 않습니다. 그날도 우리 멤버 일곱 명은 당신의 요령 부득이한 헌신으로 비제의 『카르멘』을 비롯하여 파가니니의 『바이올린 협주곡』과 리스트의 『헝가리안 랩소디』까지 감상할 수 있었지요. 그러나 집으로 돌아오는 차 안에서 당신의 까칠하게 야윈 얼굴과 붕대를 감은 발이 자꾸만 눈에 밟혀 가슴이 아팠습니다.

당신과의 인연을 생각하면 잠결에도 손이 저절로 가슴께로 모아집니다. 길이 끝나가는 지점에서 당신이 제게로 오신 것은 우연인 듯싶고 운명인 듯싶고 신의 축복인 듯도 싶어서입니다. 사람이 한평생을 살아가는 동안에 그리운 사람을 가슴에 품고 살 수 있다는 것은 참으로 행복한 일이지요. 제 수필집이 만남의 다리를 놓아 준 후로 우리들의 관계는 날이 갈수록 아름다움을 동반한 그리움으로 변했습니다. 편지를 통하여 서로의 공감대가 형성되었고, 비슷한 시대를 건너온 연대감으로 우리의 대화는 무진했습니다. 사이버 공간에 마련한 우편함에는 수백 통의 편지가 쌓여갔지요. 그렇게 편지가 쌓이는 동안 서간집『수렛골에서 띄우는 편지』가 엮어졌습니다. 그 서간집은 많은 사람으로부터 호응을 받았고, 우리는 소나무가 성하면 잣나무가 기뻐한다는 송무백열(松茂栢悅)을 함께 나눴습니다.

 저는 당신 앞에 서면 공손해질 수밖에 없습니다. 당신의 조촐한 안목과 진득한 기다림으로 사물을 관조하는 인식 앞에서 저의 오만함과 완전한 척하려던 무모함이 부끄러웠습니다. 비로소 아집의 틀이 무너졌고, 이웃집 빨랫줄에 널린 옷가지들이 눈에 들어왔습니다. 그 옷가지에서 그 사람의 나이와 형편과 쓰고도 짠 삶의 얼룩과 고단한 편력을 볼 수 있었습니다. 그 편력에 깃든 삶의 진정성과 계면조처럼 깃든 서러운 가락들을 짚어 볼 수 있었습니다.
 두어 시간만 지나면 박명의 빛이 유리창에 어릴 것입니다. 분침과 시침이 간밤을 달려온 어둠을 털어내고 저마다 제 몫의 삶을 준비할 때가 되었음을 재촉하겠지요. 비록 또다시 해가 지고 밤이 오면 그날의 삶과 간직해야 할 사연들과 풍경들을 내려놓아야 되겠지만, 그렇다고 명징하게 다가오는 아침을 어찌 수수방관할 수 있겠습니까.

밤이란 으레 아침을 마중하기 위해 놓여 있는 안식의 징검돌인걸요. 사람들은 저마다 서둘러 밥을 지어 먹고 종종걸음으로 일터를 찾아 나설 것입니다. 바닥으로 떨어져도 공처럼 다시 튀어오르는 자만이 살아갈 자격이 있음을 당신께서도 잘 아시잖습니까.

저도 이제 촛불을 밝히고 묵주를 손에 들겠습니다. 당신을 비롯하여 마음 가난한 이들과, 육신의 괴로움을 겪는 이들과, 저의 가족의 무사함을 그분께 아뢸 것입니다. '아직'이란 단어에 희망을 걸고 오늘도 새로이 열리는 여명의 첫 아침을 기도로 맞이할 수 있음도 또한 감사한 일입니다. 당신께서도 부디 어제와 같이 평안하소서.

2

하현달 아래서

아파트 소묘(素描)

저녁 여섯 시 정도면 아파트 지하 주차장 출입구는 거대한 숨구멍이다. 주차장 표지판에 '만차'란 빨간 불이 들어올 때까지 이 숨구멍은 들숨으로 밀려드는 차량을 모조리 삼켜버린다.

차에서 내린 사람들은 종종걸음을 치지 않는다. 하나같이 느긋한 걸음으로 엘리베이터 안으로 들어간 다음에 저마다 번호 속으로 모습을 감춘다. 그러면 지하 주차장은 아침이 돌아올 때까지 고른 숨결로 수많은 차량을 잠재울 것이다. 차량 위로 희미한 불빛만이 밤샘할 양이면 늙은 거미가 슬슬 기어 나와 수도 배관과 가스 배관 사이에 은

빛 그물을 치고 파리나 모기라도 걸려드는 행운을 기다리기도 할 것이다.

아파트는 콘크리트 건물 속에 벽을 경계로 세대를 나눈 주택이다. 지정된 동과 호수 안에서 자기들 나름의 방식으로 가족과 함께 살아가는 둥지다.

가족은 지상에서 가장 소중한 존재들이다. 소중한 분신들이 모여 사는 둥지를 아파트로 칭하면 왠지 삭막한 느낌이 든다. 그래 나는 아파트를 한사코 집이라고 일컫는다. 집이라고 발음할 때 윗입술과 아랫입술이 맞물린다. 나는 입술이 맞물리며 내는 그 찰진 어감이 그럴 수 없이 좋다.

자정이 넘도록 잠이 오지 않을 땐 15층에서 지상으로 내려가면 거대한 건물의 위상에 눌려 갑자기 난쟁이가 된다. 잠시 숨을 고른 다음 고개를 젖히고 위를 올려다보면 20층 꼭대기는 가로등 불빛이 닿지 않아 모네가 그린 〈국회의사당〉을 연상케 한다. 견고한 석조건물이 대기와 안개에 가려 윤곽만 어렴풋하던 것과 흡사해서이다.

나는 팔짱을 끼고 시야에 들어오는 건물을 쭉 훑어본

다. 드물게 불이 켜진 창문이 눈에 들어오면 별별 상상에 빠지곤 한다. 거실이 아닌 방의 불이 켜져 있을 땐 나름대로 이유가 있을 것이기 때문이다. 오늘 무슨 사건이 있었는가 아니면 지병에 시달리나, 직장에서 상사로부터 상처를 받았는가, 사업이 꼬이는가, 부부가 싸웠는가, 자녀들이 속을 썩이는가 아니면 나처럼 불면을 겪는가 등등 이런저런 공상으로 피로가 몰려오면 불 켜진 창문을 향해 성호를 긋는다. 한 생을 살아가는 노정이 어찌 순탄하기만 하겠는가. 넘어지기도 하고 무너지기도 하면서 생의 이력을 쌓아가기 마련인 것을.

아파트는 이렇듯 저마다 삶의 서사를 풀어가며 존재하는 특별한 공간이다. 더구나 산업도시로 지정되어 우리 내외처럼 안분지족이란 명분으로 목숨을 이어가는 노인들은 소수이고, 혈기 왕성한 젊은이들로 이루어진 도시라 아이들이 많다. 오후만 되면 어린이 놀이터는 엄마와 아이들로 붐빈다. 그네와 시소를 타는 아이들이 있는가 하면 엄마 손을 뿌리치고 저 혼자 기저귀 차고 뒤뚱거리며 걸음마를 연습하는 꼬마들도 적잖다. 초등여학생들은 주로 킥보드를 타고, 조금 큰 사내아이들은 자전거 안장에서 엉덩이를 높이 쳐들고 아파트 단지를 씽씽 달린다. 유쾌한 풍경이다.

며칠 전이다. 엘리베이터 안에서 유치원에서 돌아오는 꼬마와 백일 정도 된 아기를 품에 안은 젊은 엄마를 만났었다. 유치원생은 할머니가 낯설어 동생 포대기를 한 손으로 잡아당기며 엄마 뒤로 숨었다. 이때 아기 발이 포대기 밖으로 살짝 삐져나왔다. 발그레하게 작고 여린 발이 복숭아 꽃잎을 연상시켰다. 사랑스럽게 지켜보는 나의 눈길에 엄마는 미소로 화답해 주었다. 그는 20층으로 이사 온 지 얼마 되지 않는다.

나는 기분이 좋았다. 저녁이면 퇴근해 돌아올 애 아빠 모습이 저절로 떠올라서였다. 현관문을 열고 들어선 즉시 화장실로 들어가 비누 거품을 잔뜩 일으키며 손바닥에 밴 수고로움을 말끔히 씻어낼 것이다. 그리곤 달려드는 맏이를 끌어안고 볼에 뽀뽀하고 젖먹이 아기를 품에 안을 것이다. 세상에 아비들은 제 핏줄을 품에 안을 때처럼 행복한 순간이 어디에 있겠는가.

'집'이란 이런 공간이다. 아침에 나갔다가 돌아오는 귀환의 처소요. 가족들의 체온과 살냄새와 웃음소리와 싸우는 소리까지 먼지처럼 창틈에도 이부자리에도 끼어들고 배는 곳이다. 아이들이 벗어 놓은 옷가지와 장난감, 유전자 지도를 증명할 수 있는 머리카락까지 한 덩어리로 뭉쳐 뒹구는 공간이다. 이곳에서 아비와 어미들은 아이들 웃음소리와 재롱에 귀먹고 눈먼다. 자식 사랑으로 눈멀고 귀먹은 아비의 '집' 창문에서 흘러나오는 초저녁 불빛은 잘 익은 모과 빛이다.

벌써 하현달이 20층 건물 위로 올라왔다. 몇 시간 후면 아파트 지하 주차장은 밤새 잠들었던 차량을 날숨으로 토해내기 시작할 테고, 차 임자들은 핸들을 잡고 저마다 직장을 향해 꼬리에 꼬리를 물고 빠져나갈 것이다. 또 장판지에 살이 탱글탱글 여물어가는 중고등학생들은 책가방을 둘러메고 스마트폰에 코를 박고 학교를 향해 발걸음을 옮길 즈음엔. 우리 '집' 거실 유리창으로 햇빛이 여과 없이 통과해 바닥에 동양란잎 몇 줄기 슬쩍 쳐 놓기도 할 터이다.

[계간수필 2023년 가을호]

하현달 아래서

 그이는 하현달 아래서 생의 층계를 내려가고 있다. 희미한 그림자를 앞세우고 천천히 가벼운 걸음으로 내려가고 있다. 가장으로서의 책임, 직장이란 조직에서 성과 비율에 따른 경쟁과 갈등에서 벗어난 지 25년이다.
 그 무방한 세월이 그를 달관시켰다. 어제와 그제, 그리고 오늘과 내일이 별반 다르지 않다. 굴곡 없는 수평적인 일상의 연속이지만 그는 높은 것과 낮은 것의 차이란 결국엔 아무것도 아니란 것을 안다. 부자란 개념도 현재 내가 가진 것보다 더 원하지 않으면 평온한 삶을 유지할 수 있다는 것을 가을 산에서 나뭇잎 떨어지는 걸 보고 깨달았다고 한다.

가을이 깊어지면 나무들은 열매와 잎을 모조리 땅으로 내려보낸다. 다 털어버리고 가벼워져야 폭설과 삭풍에 다치지 않음을 스스로 알기 때문이다.

사람이 살아가는 일도 이와 다르지 않다. 지독한 유물론자로 혹은 대의명분을 내세워 정치판에서 내로라하는 권력을 지키기 위해 한 생을 소모했어도 죽음 앞에선 새 한 마리 목숨보다 낫지 않다. 날숨과 들숨이 멈추면 생전에 누렸던 권력과 명예, 재산도 쓰임이 없어진다. 그걸 거머잡고 놓치지 않으려고 폭설과 삭풍에 수없이 매를 맞으며 고달프게 살아왔을 뿐이다.

우린 80평생을 서민으로 살아왔다. 나는 주부로 살림을 맡았고, 그는 축산학과 출신으로 우수한 소의 혈통으로 축산사업 발전에 30년간 기여하고 돌아왔으니 버릴 것도 털어낼 것도 없다. 그 가벼움이 안분지족이란 둥우리를 만들어 주었고, 삶의 여백을 안겨주었다. 그래 우린 해마다 섣달그믐날 밤이면 캔 맥주 두 개를 따서 들고 건배하면서 행복 리스트를 점검한다. '매일 감사하기' '매일 만족하며 살기' '내가 가진 것 조금 덜 쓰고 나누기' '운동 꾸준히 하기' '서로 자기주장 내세우지 않기'로 정해 놓고 실천의 성과를 조율한다. 그리곤 끝으로 로버트 번스의 〈올드 랭 사인〉을 듣는다.

다섯 가지 원칙 안에서 그가 가장 성실하게 실천하는 루틴은 아침 운동이다. 눈만 뜨면 곧바로 양치질한 다음 20여 가지 운동으로 하루를 연다. 운동한 시간 후에 아침 식사하기, 아침 먹고 나면 밥값으로 아내가 정해준 자기 방 청소를 시작한다. 매번 밀대로 방바닥을 닦을 적마다 〈메기의 추억〉을 흥얼거린다. '옛날에 금잔디 동산에 앉아서 놀던 곳'으로 시작하는 이 노래는 1960년대 초 충북대학 캠퍼스에서 친구들과 막걸리를 마시고 떼창으로 부르던 발라드풍의 번안 가요다.

그에게 메기의 추억은 청춘에 대한 그리움의 광장일 터이다. 갓 대학에 들어간 스물한 살 청년이 선배 혹은 친구들과 막걸리잔을 부딪치면서 건배를 목청껏 외치면서 술잔을 입술에 댈 적마다 막걸리의 특유한 향은 짜릿할 정도로 미각을 자극했을 것이다. 취기가 온몸으로 번지면

태산이라도 들어 올릴 것 같은 쾌활한 호기를 부리며 스크럼을 짜고 캠퍼스 잔디밭으로 몰려가 불렀던 노래를 기억의 파일에서 꺼내 들고 밀대로 방바닥을 닦으며 흥얼거린다.

사람은 생물학적으로 육체가 노쇠해지면 지나간 날들을 그리워하게 된다. 서쪽으로 기울어가는 시간의 속도는 점점 빨라지는데, 할 일 없이 적막한 일상에 갇히면 궁핍으로 얼룩졌어도, 배신과 화해의 경계에서 골머리를 앓게 했던 사건들마저도 그리움으로 윤색된다. 별것 아닌 사소한 것들조차 그리움의 너울을 쓰고 웅얼거림으로 다가온다.

아내와 청소를 마치면 커피 타임으로 들어간다. 아내가 타 준 커피를 마시는 그는 늙은 아내가 눈부처다. 삼시세끼 꼬박꼬박 밥상 차려주는 아내는 중력과 인력의 법칙 안에서 존재하는 80억 인구 중에서 만난 사람이고, 가장 오랫동안 함께 살아온 사이다. 아내 역시 남편이 눈부처다. 그가 없으면 무슨 재미로 삼시세끼 밥상을 차리겠는가.

아내와 커피타임이 끝나면 자기 방으로 들어가 중앙지와 지방신문을 읽는다. 그다음은 한 시간 산책하고 돌아와 두 시간 정도 낮잠을 즐긴다. 대신 밤이면 이슥하도록 고전을 읽는다. 그는 하현달 아래서 눈부처를 믿고 마음 내키는 대로 인생의 뜰을 거니는 천진한 지구의 소요인(逍遙人)이다.

[계간수필 2024년 가을호]

아름다운 세상을 꿈꾸며

 늦은 봄에 양구에 있는 박수근 미술관과 DMZ 투어에 참가했다. 코로나로 4년 만에 재개된 충주문인협회에서 떠나는 문학기행이다.

 일행을 태운 관광버스가 양구로 올라가는 동안 차의 속력에 따라 앞으로 밀려오고 뒤로 밀려나는 초여름 산하는 신록으로 싱그러웠다. 산자락마다 찔레와 산딸나무와 백당나무 흰 꽃이 눈부셨고, 작은 도시와 사람들이 살고 있는 마을과 농촌의 들녘은 더없이 평화스러웠다. 6·25전쟁의 흔적은 어디에서도 찾아볼 수 없었다. 1,129일 동안 강원도 일대의 산들이 폭탄 세례로 민둥산이 되었고, 그

산에서 수많은 적과 아군이 총탄을 맞고 쓰러졌다. 그들이 흘린 피로 얼룩졌던 산하는 언제 전쟁을 치른 적이 있었냐는 듯 숲은 무성했고 기름졌다.

오늘 우리가 찾아갈 DMZ는 휴전선을 경계로 한 비무장지대다. 대한민국 지도 중심에 남과 북이란 경계선이 생기게 된 것은 1945년 2월 4일이다. 영국의 처칠, 소련의 스탈린. 미국의 루즈벨트 3개 국가 원수들이 크림반도의 얄타에서 2차 대전을 매듭짓기 위해 우리나라 지도를 놓고 북위 38도선을 경계선으로 그었다. 남한은 자유민주주의 국가로, 북한은 사회주의 국가가 되었다. 북한의 정권은 김일성에게 맡겨졌고, 남한에선 1948년 5월 10일 대한민국 국민 손으로 선거를 치렀다. 선거 결과 국회의원이 선출되고 이승만이 대통령으로 당선되어 국가원수가 되었다. 헌법이 제정되고 민주주의의 발판이 마련되는 시기였다. 그러나 북한에선 일찍이 소련에서 공산주의 이념에 물들었던 김일성이 정권을 잡자 곧바로 적화통일을 꿈꾸었다. 스탈린 정부로부터 무기를 지원받았고 병력을 대대적으로 훈련 시켜 전쟁 준비를 완료하고 '폭풍'이란 암호로 봇물 터지듯 탱크를 앞세워 남한으로 밀어닥쳤다.

내가 일곱 살 때 겪었던 전쟁은 동족상잔의 비극이었고, 더 나아가선 16개국에서 참전한 유엔군 병사들까지 목숨을 잃는 참극이었다. 이 참극이 언제 끝날지도 모르는 일임을 직감한 유엔군 사령관 클라크와 중공군 사령관 펑더화는 더는 병사들을 희생시킬 수 없음을 판단하고 '정전협정조인'을 체결한 것이 1953년 7월 27일이었다. 1,129일 만에 총소리가 멎었고 휴전선에는 철조망이 쳐졌다.

'국방부전사편찬회'에서 밝힌 이 전쟁의 사망자 수는 유엔군 16만, 한국군 62만, 북한군 93만, 중공군 100만, 민간인 250만 명이다. 그리고 73년이 흘러가는 동안 대지는 새로운 생명들을 품어 저토록 숲을 아름답게 가꾸어 놓았고, 대한민국은 산업국가로 발전하였으며 경제 대국으로 발돋움하게 되었다.

우리가 탄 버스가 비무장지대로 들어선 것은 오후 두 시경이었다. 대기소에서 담당 사병이 버스로 올라와 인원을 확인하는 동안 김우종 교수님의 작품집 『DMZ 나비들의 반란』이 문득 떠올랐다.

　김우종 교수님은 나비를 아이콘으로 삼은 나비의 아티스트다. 2022년 6월에 그림과 해설을 담아 펴낸 이 화집은 당신이 90생애를 문학과 화가란 두 개의 키워드를 가지고 살아올 수밖에 없었던 수난과 영광을 기록한 산물이다. 위안부를 그리고 도라지꽃과 민들레, 목련과 흰옷 입은 여인, 후쿠오카 감방과 사각모를 쓴 시인 윤동주와, 생체 실험용으로 사용하던 주삿바늘과 날카로운 펜촉, 산과 산이 겹을 이루고 있는 대한민국 산맥들까지 통일과 자유와 평화와 아름다운 세상을 꿈꾸는 화가의 소원이 상징적으로 담겨 있다. 그리고 화집에 들어 있는 그림 대부분이 김우종 문학상 수상자들에게 부상으로 내려진 작품들이다.

　필자도 2018년 봄에 '김우종 문학상' 본상을 받을 때 상금과 부상으로 그림 한 점을 받았다. 화제는 윤동주의 시 〈새로운 길〉이다. 멀리 삼각형 형태의 산들이 겹을 이루고 가까운 산 밑으론 농가 여덟 채와 조금 떨어진 곳엔 교회 건물이 보인다. 마을은 연보랏빛으로 감싸여 있다. 멀리 산과 골짜기는 프러시안 블루로, 그리고 마을을 향해 난 곡선의 길은 은빛으로 환하다. 그 길을 따라가고 있는 아가씨는 빨간 치마에 흰 저고리를 입었다. 그 아가씨가 걸어가고 있는 길가엔 민들레가 피어 있고, 생강나무 가지엔 까치 한 쌍이 앉아 있으며, 짝없는 까치는 날개를 펴 마을 쪽으로 날아간다. 그림만 봐도 윤동주의 시 한 편이 온전한 형태로 들어앉아 있는 그림을 액자까지 넣어 교수님께선 직접 안겨주셨다.

교수님께서는 이렇게 작가들에게 부상으로 그림을 내려주는 행위를 '나비의 효과'로 여기신다. 나비의 날갯짓 수십 점이 모이면 커다란 효과를 거둘 수 있음이 과거 경험을 통해 입증된 바 있었기 때문이다.

교수님은 윤동주 시인의 추모 행사를 오랫동안 주관해왔다. 후쿠오카 형무소 뒤뜰에 모여 윤동주 시인의 추모제를 올리는 일도 에드워드 로턴 로렌스가 노린 '나비의 효과'였던 것이다. 행사비 1억을 기꺼이 내어준 대학신문사 사장은 간 큰 나비였고, 출연료 없이 진혼무를 춘 서울

대 이애주 교수도, 장사익과 50여 명의 풍물 놀이패도, 〈아침 이슬〉을 불러준 양희은 가수도, 그리고 그 자리에 참석한 일본 학자와 재일동포 문인들도 평화의 회오리바람을 일으킨 나비들이다.

아니 그 이전에도 나비의 효과는 작동하고 있었다. 6·25전쟁터에서 중공군 포로였던 당신을 남한으로 탈출시킨 야전병원 간호병도 나비였다. 박정희 독재정권 시절에 '문인간첩단' 조작 사건으로 보안사 대공분실에 끌려가 협박과 고문으로 비참한 지경에 빠졌을 때, 선생님은 간첩도 부르주아도 아니라고 목숨을 걸고 변호한 젊은이도 나비였고, '민청학련사건'으로 지목받아 모진 고문 끝에 처형된 여덟 명의 청춘은 천국으로 날아간 나비들이었다. 그토록 삼엄한 상황에 처한 김우종 교수를 살려야 한다며 일본 작가 오무라 마스오 교수를 비롯하여 유엔 인권위원회에서 구명 운동을 벌인 언론의 날갯짓은 '토네이도'로 작용해 구치소란 지옥에서 교수님을 구해주었다.

독재정권이 막을 내리고 민주주의 시대가 도래하였다. 교수직에서 해직당하고 난 후, 먹고 살기 위해 그린 그림과 에세이와 논문 등이 언론매체를 타면서 김우종이란 이름이 전국으로 알려졌다. KBS에선 2년 반 동안 '시민법정' 프로에 변호사 역을 맡겨 유명세를 탔으며, 2000년 벽두에는 KBS 1TV에서 〈펜으로 지켜온 양심, 평론가 김우종〉이란 타이틀로 한 시간 동안 반영했다. 현존하는 작가 1만 명 중에서 구상 선생님과 두 분이 초대되었다고 회고하셨다. MBC 방송국 라디오 프로그램에서도 1년 동안 매일 '김우종 에세이'가 낭송되어 버스 기사와 택시 기사, 그리고 공장에서 일하는 노동자들에게 위로와 용기를 준 것도 작가의 업적이라 할 수 있을 것이다.

『창작산맥』 통권 44호를 손으로 어루만진다. 11년 동안 교수님이 매 호마다 그림을 그리면서 열정을 쏟아 만든 책이다. 출간을 도와준 신아출판사 대표와 뜻을 같이 해준 허선주 주간과 사이채 편집국장도 고마운 나비들이다.

이번 호 그림은 〈항아리 속 시와 어머니〉다. 그림의 제목처럼 광양이 고향인 정병욱 교수의 어머니가 아들의 부탁을 받고 얼굴도 본 적 없고, 이름도 모르는 청년 윤동주의 원고 뭉치를 마루 밑에 감추어 두었던 사연을 형상화한 작품이다. 백자 항아리 안에 들어 있는 원고지 위로 검은 나비 한 마리가 앉아 있고, 빨간 보자기 주변으로는 수십 마리 나비들이 무리 지어 날고 있다. 하지만 머리에 흰 수건을 쓴 어머니는 근심스러운 표정으로 항아리를 내려다보고 서 계신다. 어머니 등 너머론 장엄하게 뻗어나간 산맥들이 흰 눈으로 뒤덮여 있다. 통일이 아직도 요원하다는 의미일 터이다.

  나는 교수님과 우리 모두가 바라는 통일이 이루어지기를, 평화롭고 아름다운 세상이 하루속히 돌아오기를, 간절한 마음을 담아 성호를 긋는다.

[창작산맥 2023년 가을호]

생각의 전환

아픔은 몸과 직접적이다. 오랫동안 자가면역질환에 시달렸다. 이 병은 외부에서 들어오는 세균이나 바이러스 등을 막아야 할 면역세포가 거꾸로 자기 몸을 공격하는 고약한 질환이다. 40대 중반부터 발병한 섬유조직염은 35년 동안 관절 마디를 파고들어 기형으로 돌출시켜 놓고, 몇 해 전부터는 피부가려움증으로 변신을 꾀하였다. 기후가 건조한 겨울철에 좁쌀처럼 자디잔 발진이 허리와 등짝에 돋기 시작하면 아무리 어금니를 앙다물어도 손이 어느새 발진이 돋은 부이를 긁어 상처를 냈다. 병원에서 처방해 준 스테로이드와 소염진통제와 신경안정제를 하루 두 번씩 복용해도 밤이면 잠을 이루지 못했다. 그럴 적마다 '차라리 ······' 하는 충동이 일면 얼른 성호를 긋고 심장에 손을 얹는다.

젊은 시절엔 죽음이란 단어 자체를 두려워했다. 결혼 후에도 여러 번 수술대 위에서 전신마취를 당할 적마다 아이들과 남편을 두고 깨어나지 않으면 어쩌나 겁을 먹었다. 그런데 지금은 살 만치 살았다는 생각과 함께 자연사처럼 보이는 방법을 찾아 별별 상상을 다 했다. 이렇게 죽음과 삶의 경계에서 혼란을 겪던 차에 선배에게 책 한 권을 선물로 받았다. 호스피스 의사 김여환 선생이 쓴 『천 번의 죽음이 내게 알려준 것들』이다.

책을 손에 들자 하루 만에 221쪽을 일독했다. 마지막 장을 덮고 나는 부끄러움에 한참 동안 책에 얼굴을 묻고 고개를 들지 못했다.

호스피스 병동은 암 환자들에게는 죽음을 기다리는 대기실이다. 이 죽음의 대기실에서 환자들은 아무리 육체가 고통스러워도 죽어가는 과정을 피하지 않는다. 죽음과 정면으로 대결하면서 죽음이란 낯선 세계로 들어가는 순간을 온전하게 받아들인다.

그중에서도 나를 감동하게 한 이는 쉰다섯 살 담낭암 말기 환자다. 그는 몸에 담즙을 배출하는 관과 소변 줄을 달고서도 눈만 뜨면 병동 구석구석을 닦으며 병실 분위기를 밝게 이끌어 갔다. 피부가 황달로 노랗다 못해 검게 변색했어도 얼굴에는 항상 미소를 띠고 쓰레기통을 비우고 다니던 그는 현존하는 천사였다. 어느 날 그가 혼자 임종실에 들어갔는데 그림 한 점 없는 벽을 보고는 그의 집에 연락하여 학이 그려진 대형 한국화를 가져오게 하여 걸었다. 그림이 걸리자 임종실 분위기가 확 달라졌다. 그러고 몇 달 후 그는 그림이 걸려 있는 임종실에서 평안하게 죽음을 맞이했다. 모르핀으로 육체의 고통을 견디면서 마지막 가는 길에 자신의 삶을 아름답게 완성하고 떠난 그가 나를 몹시 부끄럽게 했다.

또 한 사람은 암세포가 턱을 침범해 턱이 없어졌다. 혀와 이빨만 흉측하게 드러나고 피골이 상접하여 해부가 끝난 실습용 카데바와 다름없어도 그가 자살하지 않은 건 가족에게 상처를 주지 않기 위해서였다고 했다. 참혹한 몰골로 죽어가면서도 가족애를 지켰던 그를, 저자는 우리 시대의 '그레고리 잠자'였다고 썼다.

　암 말기의 환자는 미라처럼 눈자위가 움푹 꺼지고, 사지는 뼈만 앙상하게 드러나고, 죽어가는 세포로 인해 몸에선 악취가 난다. 망가진 육체가 생명의 존엄성을 가차없이 지워버린다. 이런 이들에 비하면 내 아픔은 엄살에 지나지 않는다. 더구나 가톨릭 신자로서 가려움을 참지 못해 가족은 염두에 두지도 않고 고통에서 벗어날 궁리만 했던 나는 죽기 전에 이미 죽은 존재였다. 그것을 자각하는 순간 나 스스로 질책하지 않을 수 없었다.

　이후론 내 몸이 아픈 대신 가족 모두가 건강하다는 사실에 감사하게 되었다. 아침이 오면 하루를 선물로 받았다는 기쁨으로, 저녁엔 하루를 무사히 살아낸 것에 대한 감사로 성호를 긋고 삼종기도를 바칠 줄 알게 되었으니, 나도 김여한 의사처럼 천 명의 죽음을 통해 참삶이 무엇인가를 제대로 배운 셈이다.

[동양에세이 2025년 5월호]

숲속의 오두막집과 맹물 선생님

아호를 '맹물'로 지어 사용하였던 어른이 계셨다. 동요 〈구슬비〉 노랫말을 지은 권오순 선생님이시다. 당신 스스로는 개성도 재능도 없고, 맵거나 쓴맛을 낼 성깔조차 타고나지 못해 '맹물'로 호를 삼았다고 하셨지만, 맹물은 자연 그대로의 맛을 일컫는다.

'맹물'은 순전히 한글로 된 우리말이다. 첨가물이 들어가지 않은 본래의 물맛, 순전히 한글로 된 우리말의 배합으로 웅숭깊다.

책꽂이에서 권오순 선생님의 자서전 『꽃숲 속의 오두막집』을 꺼내 든다. 책갈피를 열어보니 갈색으로 변한 벚나무 잎 두 장과 사진이 나온다. '숲속의 오두막집'을 두고 멀리 수원시 장안구 조원동에 있는 '평화의 모후원'으로 떠나시기 전날, 마당에 떨어진 벚나무 잎 두 장을 주워 봉투에 담아 주셨다. 사진에는 선생님이 제천 지역에서 아주 떠나가신다는 소식에 인사차 들렀던 제천예총 회장 박지견 시인과 그분 제자, 내가 선생님과 함께 있다.

사진 속 풍경은 결빙이 시작되는 11월 중순이다. 맨드라미도 백일홍도 모두 목을 꺾었다. 두 평 남짓한 꽃밭에 가지가지 꽃을 피워 가꾸던 생명들도 한해살이를 마치고 떠나가는 잔해가 어수선하다.

그 어수선하고 성근 풍경 속에서 그날 밤 선생의 짐을 쌌다. 평소 당신이 아끼던 책은 거반 성당의 아이들을 위해 남겨두고, 반닫이에 들어 있는 옷가지와 필수품만 상자에 차곡차곡 넣어 윗목으로 밀어 놓았다. 이부자리를 깔고 선생과 함께 누웠지만 잠을 이루지 못했다. 1989년 충청일보에 칼럼을 쓰면서 인연을 맺고 6년 간 정을 나눈 우린 그 밤의 동침이 마지막이란 사실에 지레 중치를 막고 있었기 때문이었다. 그것도 죽음의 자리를 찾아 떠나는 이와, 보내는 자의 간극에 놓인 침묵의 중압은 결국엔 비음을 토해 놓고 말았다.

몸무게 40kg에도 못 미치는 여인은 일찍이 '프란치스코' 수도회에 입회하여 재속 수녀로 청빈과 겸손과 순명을 사명으로 알고 실천했다. 겨울엔 연탄을 아끼느라 윗목에 떠 놓은 자리끼에 살얼음이 얼곤 했다. 과일이라도 들어오면 그건 당신 몫이 아니었다. 동네 아이들을 불러 몽땅 나누어줘야 배부른 어른이었다.

권오순 선생님은 1919년 황해도 해주에서 태어나 세 살 때 소아마비를 앓았다. 고열로 며칠 동안 사경을 헤매다 살아났으나 오른쪽 다리를 심하게 절었다. 문밖으로 나가면 '다리 병신' '절름발이'라는 아이들의 놀림에 기가 죽은 소녀는 집안에 틀어박혀 있었는데 아버지가 어렵사리 구해다 준 『한글말 모이사전』을 끼고 살았다. 당시 아버지는 해주에서 처음으로 여학교를 설립한 재단 이사장이었다. 남달리 영특한 소녀는 그 우리말 사전을 1년 반 만에 다 외웠을 뿐 아니라 철자법까지 꿰차고 글짓기에 재미를 들였다. 시 짓는 형식이나 시법을 들어본 적도 없었으나 소녀는 눈으로 들어오는 사물의 모양새를 글말로 만들었다. '하늘에 달이 뜨면, 바다에도 달이 떴다'라고 본대로 옮겼다. 그 글이 1933년에 〈하늘과 바다〉라는 동시로 소파 방정환 선생님이 펴내는 『어린이』 잡지에 입선되었다. 글쓰기에 자신감을 얻어 1937년에 쓴 〈구슬비〉가 『소년』지에 실리기로 되었으나 총독부에서 한글 철폐가 내려지는 바람에 실리지 못했다. 대신 용정에서 발행하는 『가톨릭 소년』지에 실렸다.

1945년 광복이 되고 〈구슬비〉는 안병원 선생이 곡을 붙여 초등학교 3학년 음악책에 실렸다. 서울에서 살고 있던 동생이 38선을 넘어와 이 소식을 알려주고 돌아갔다.

그날부터 선생은 남한으로 내려가고 싶은 열망에 사로잡혔다. 아버지가 공산 치하에서 토지개혁으로 재산을 몰수당하자 화병으로 돌아가신 뒤였다. 어머니와 동생을 고모님께 맡기고 1948년 10월 30일 밤 배를 이용해 남한으로 넘어왔다.

그 후 6·25전쟁을 겪었고, 가톨릭에서 운영하는 전쟁고아들만 모인 '성모원'으로 들어가서 5년간 구호물자로 들어온 헌 옷가지를 뜯어 아이들 옷을 만들어 입히는 일에 봉사했다. 눈만 뜨면 재봉틀 돌리는 일은 고되었다. 몸이 허약해져 자립할 것을 결심하고 '성모원'에서 나와 월부로 재봉틀 하나 사서 삯바느질을 시작했다. 하지만 기성복이 유행하자 몇 푼씩 들어오는 원고료로 방세를 충당하기엔 어림없었다. 성치도 않은 몸으로 열두 번이나 이삿짐을 싸 들고 서울 변두리 촌을 전전했다. 이미 나이 60이었다. 더는 도시에서 살아갈 수 없음을 깨닫고 성모원에서 함께 봉사하던 친구의 도움으로 충북 제천시 백운면으로 내려오게 되었다.

어느 날 귀인이 찾아왔다. 성당 교우 중 목수를 전업으로 삼았던 분이 부산으로 이사 갈 날짜를 잡아 놓고 인사차 들렀다. 선생님의 아이콘 〈구슬비〉는 초등학교 3학년 때 달달 외우던 동요였다. 감히 마주 대하기조차 어려운 어르신이 머무는 방이 너무 비좁고 초라했다. 젊은이는 이사 날짜를 일주일 연기하고 성당 청년들을 모아 성당 뒤편 자투리땅에 터를 닦고 집을 짓기 시작했다. 건축비도 교우들이 십시일반 모아 일주일 만에 완성했다. 방 한

칸에 부엌과 쪽마루가 놓인 열 평짜리 집이었다.

남한으로 내려와 처음으로 내 집을 갖게 된 작가에게 그 작은 오두막은 당신만의 우주였고, 작품의 산실이었다. 누구에게도 간섭받지 않는 자유로운 공간에서 나지막하고 소소한 것들에 대한 애정과, 눈으로 보고 감각하는 사물의 모든 형상을 천진하고 순연한 언어로 발현시켰다.

'송알송알' '조롱조롱' '대롱대롱' '송송송' '보슬보슬' '솔솔솔' '포로롱' '풀각시', 이렇듯 권오순 선생님이 사용하는 부사와 형용사, 의성어의 스펙트럼은 누구도 따라갈 수 없을 정도로 다양했다. 생전에 100여 편의 동시와 동화로 우리말의 아름다움을 유산으로 남기고 안성 미리내 성지에 잠드신 지 18년이 되었다.

사진으로 맹물 선생님을 뵈니 반갑다. 별이 총총한 밤이면 오두막집 자리가 궁금해 슬쩍 다녀가실지도 모른다. 아니면 은하수 강가에서 소파 방정환, 윤석중 세 분이 모여 풍당풍당 돌을 던지며 옛날얘기를 나누고 계실지도 모르겠다.

[그린에세이 2023년 9~10월호]

7월의 소나기

7월에는 초복과 대서와 중복이 들어 있어 더위가 절정에 이른다. 제철을 만난 식물들은 긴 해를 붙잡고 저마다 광합성으로 성장 세포를 키운다. 배롱나무 곁가지도 어느새 목질이 단단해지고, 어미 새의 보살핌을 받으며 나는 연습을 하던 어린 새들도 날갯죽지에 힘이 생겨 비상을 꿈꾼다. 눈동자가 알밤처럼 고운 고라니 새끼조차도 더 이상 어미 곁에 머물지 않는다. 다만 길고양이 새끼들만 한낮이면 아파트 뒷담 으슥한 그늘에 모여 까무룩 졸고 있는 어미 곁에서 서로 엉기고 뒹굴며 장난질로 고즈넉한 풍경을 이룬다.

7월은 작열하는 태양의 열기로 대지를 달군다. 지열을 견디지 못해 풀잎이 축축 늘어지고 매미의 울음도 탈진해질 때, 거짓말처럼 하늘 저편에서 검은 구름이 몰려온다. 비를 몰고 오는 기류의 속도는 빠르게 번진다. 하늘이 온통 검은 구름으로 뒤덮이면서 번개가 번쩍 섬광을 긋는다. 뒤이어 천둥이 성난 짐승처럼 우르릉 쿵쾅 포효할 양이면 굵은 빗방울이 대지를 난타한다. 점점 거세어지는 빗줄기가 뽀얗게 시야를 가린다. 소나기의 장쾌함이 전신을 휘감는다.

 초목들 또한 내리꽂히는 빗줄기에 태질을 당하면서 빗물을 탐한다. 여름철 소나기는 식물들에게 질소를 공급받는 절호의 기회다. 흙물을 흠씬 뒤집어쓰고서도 넌출거리며 갈증을 풀고, 질소를 전신으로 흡수해 뿌리에 간직한다.

 오늘 쏟아진 소나기는 3악장은 고사하고 후렴조차 따르지 않는다. 심포니 오케스트라 지휘자가 피아노 협주곡 마지막 악장에서 지휘봉을 높이 들어 선을 긋고 멈추듯, 소나기도 10여 분 동안 강타하던 비의 선율을 멈추었다.

번개와 천둥과 빗소리가 멈춘 갑작스러운 정적이 생소하다. 그러나 대지는 10여 분 동안 퍼붓고 그친 소나기로 하여 생동감이 넘친다.

소나기가 퍼붓고 난 뒤 구름이 밀려가는 사이로 빛이 부챗살처럼 퍼지는 가운데 무지개가 뜬다. 미처 분산되지 못한 물방울이 햇빛을 만나 굴절을 일으키며 반사되는 일곱 빛 무지개는 허공에 걸린 홍예문이다. 소나기에 갇혀 학교 복도에서 웅성거리던 학생들과, 비를 피해 상가에 들어가 잠시 몸을 피했던 사람들이 거리로 나와 저마다 스마트폰을 꺼내 허공에 걸린 빛의 홍예문을 카메라에 담으며 환하게 웃는다. 이런 날이면 나는 기어이 차를 끌고 들녘으로 나간다. 풀냄새와 흙냄새가 그리워 송신증이 일어서다.

내가 사는 신도시에서 차로 15분만 달리면 강촌에 닿는다. 강변 쪽으로 사래가 긴 밭에는 수십 가지 농작물이 자란다. 강변의 토질은 비단처럼 부드럽고 기름지다. 기름진 땅에는 가을 옥수수와 대파와 콩과 김장용 배추와 단무지용으로 심어 놓은 무 싹이 나붓나붓 자라고 있다.

나는 매번 사래 긴 밭 농작물을 한 번 훑어본 다음, 다시 차를 몰고 강변 반대쪽으로 5분 정도 달려간 다음 차를 세운다. 경지정리가 잘된 논 수만 평이 한눈에 들어온다. 1980년대에 충주댐이 건설된 후 농업용수로 쓸 수 있도록 수로를 별도로 만들어 가뭄 걱정 없이 해마다 풍작을 이루는 들녘이다. 게다가 지금은 7월이다. 벼 포기가 한껏 불어나 논바닥이 보이질 않는다. 쭉쭉 뻗어나간 초록빛 잎사귀마다 윤기가 흐르고 논바닥에선 습한 기운과 함께 비릿한 논물 냄새가 후각을 자극한다. 논배미에 서서 길차게 펼쳐진 들녘을 바라보고 있으면 내 농사가 아니어도 흐뭇하다. 나는 이 흐뭇함이 좋아서 7월 소나기 끝이면 들녘으로 차를 끌고 나오곤 한다.

이제 머지않아 들녘을 가득 채운 논에선 벼 포기마다 배동이 설 것이다. 8월 18일은 쌀의 날이다. 그즈음엔 벼 포기에서 소담하게 올라온 이삭마다 자디잔 벼꽃 암수가 피어 바람의 빗질을 기다릴 게다. 바람은 벼들의 자화수정을 돕는 은총의 손길이다. 용케 농축산부에서 쌀의 날을 벼꽃이 필 때로 정해 놓고 쌀밥 먹기 운동을 벌이고 있지만, 효과를 거두지 못하는 편이다. 젊은 세대들은 배고픔을 모르고 자랐기 때문에 쌀이 귀한 줄 모른다. 쌀이 생명이고 우주의 기운인 줄을 모른다. 그러나 미래학자들은 예언했다. 오래지 않아 인류는 지구의 재앙으로 양식이 모자라 굶주림에 시달릴 것이라고.

다시 들녘으로 시선을 돌린다. 초록으로 길차게 평정된 들녘을 볼 적마다 농사꾼들의 항심과 뚝심을 나는 존경한다. 세상 돌아가는 일이 어수선하고 수매값이 성에 차지 않아도 그들은 땅 한 번 놀린 적 없다. 한결같은 그들의 항심과 노고에 성호를 긋고 미소를 짓는다. 하느님이 보시기에도 썩 좋아 강복해 주실 것을 믿어 의심치 않는다.

논배미에서 물러 나와 차에 시동을 건다. 오늘도 7월 소나기 축제를 제법 잘한 것 같아 필연 저녁밥이 달고 잠은 곤(睏)할 테다.

[에세이문학 2025년 여름호]

시인도 아니면서

 설 명절 때였다. 저녁 식사를 물리고 나면 으레 가족끼리 식탁에 둘러앉아 이야기꽃을 피운다. 이번엔 『오징어 게임』 2편에 나온, 아이들이 손에 손을 잡고 빙글빙글 돌아가며 짝짓기 놀이에서 불렀던 〈둥글게 둥글게〉란 동요가 화제에 올랐다. 어른들조차 잊고 있었던 동요를 『오징어 게임』에서 화려하게 부활시킨 음악감독의 기발한 아이디어를 칭송하던 끝에 둘째 아들이 불쑥 어미에게 시집을 내주고 싶다는 얘기를 꺼냈다. 귀가 솔깃했다.
 시인도 아니면서 시상이 떠오를 적마다 한 편씩 써 놓은 게 족히 50여 편은 된다. 그러나 막상 시집을 낼 생각을 하고 찾아보니 눈에 차는 건 20편 정도다. 나머지는 쭉정이에 지나지 않는다. 아들에게 시집 내기로 한 일은 뒤로 미루겠다고 카톡에 문자를 띄웠다. 30년 넘도록 수필이란 한 우물만 파왔지만, 시적 감성이 찾아와 외도를 부추기면 시 짓는 방법도 모르면서 마음 내키는 대로 써 보곤 했다. 그렇게 쓴 시 중 한 편이 2018년에 국립공원연구회에서 발간한 시집 『하루를 여는 자연 시』에 뽑혔다. 원고료까지 받고 나니 장님이 문고리 잡은 행운을 얻은 것 같아 기뻤다.

우리나라엔 지리산에서 태백에 이르기까지 국가에서 지정한 국립공원이 스물두 곳이다. 국립공원 공단 측에서 처음으로 자연과 문화가 어우러진 국립공원을, 관광객들에게 인문학적 즐거움으로 느낄 수 있도록 시도한 것이 시집 만들기였다. 이 프로젝트를 진행하기 위해 지역 문화단체에 도움을 청해 440편의 시가 응모되었다고 한다. 심사는 편찬회와 자문위원들이 맡아 세 차례에 걸쳐 260편을 선정해 책으로 엮었다.

책에 실린 시의 제목은 〈월악산 단풍나무〉다. 시를 쓰던 그해 가을엔 비가 잦아 어딜 가든 단풍이 고왔다. 남편과 나들이 삼아 월악산을 둘러보고 온 다음 날엔 성당 할머니 네 분을 차에 태우고 콧바람을 쐬어드렸다. 그날 밤 자리에 눕자 월악산 단풍나무가 귀에 대고 속삭였다.

 월악산 단풍빛깔은 피보다 진하다고 허풍까지 보태던 관광객들이 떠나간 길 저편에서 어둠이 쓸쓸하게 좁혀오자 단풍나무가 내 손을 잡고 나지막한 목소리로 말했다. '사는 건 물구나무서기야. 그리고 태어난 것들은 흙으로 돌아가기 마련이야' 눈물이 핑 돌았다. 아득한 능선 위로 별들이 들꽃처럼 피어났다. 오늘 밤에도 서릿발이 내리면 작은 목숨들이 가사 상태에 빠지겠다. 피가 도는 손길 내밀어 풀 한 포기 벌레 한 마리조차 수렴해야 할 목숨이다. 숨탄것들과 얽히고설키며 서로를 키워왔다. 그래 내 몸 안에선 항시 풀벌레 울음과 지는 꽃의 가쁜 호흡이 떠나질 않는다. 그걸 월악산 단풍나무는 어찌 알았을까

 시인도 아니면서 시를 짓다 보면 자가면역질환 그 지독

한 가려움증도 잊는다. 어떤 날엔 한 편의 시가 밥이 되기도 하고, '불면'과 싸우다 시에서 답을 얻기도 한다.

> 며칠째 잠을 도둑맞았다
> 핏발선 눈으로
> 불면이 가져다준 암호를 풀다가
> 베개 아래 숨겨놓은 기억들을 들추다가
> 가만, 창문 너머 북두칠성 근처에서
> 살짝 머물던 열아흐레 달이
> 말을 걸어온다
> "잠이 오지 않을 땐
> 음악을 들어보세요.
> 브루크 밀러의 <야상곡> 어때요?"
> 달의 요청은 즉시 접수되었다
> 안단티노 비올 선율에
> 견고하던 정적이 껍질을 벗는다

가을엔 '모든 것에 로그인'하고 싶다

해마다 10월 첫 주엔 남편과 밤을 줍기 위해 배낭과 자루 하나를 트렁크에 싣고 집을 나선다. 충주에서 원주로 가는 4차선 도로를 30분 정도 달리다 2차선 소읍으로 들어서면 황금빛으로 평정된 들녘을 그냥 지나칠 수 없어 차를 세운다. 멀리서부터 깃을 세우고 달려오는 서풍에 노랗게 일렁이는 물결이 탐스럽다.

올해도 추수가 끝나면 저토록 허실 없이 잘 영근 낟알들이 손끝에 풀물 한 번 들여본 적 없는 도시인들의 양식이 되어줄 것이다. 하여 가을엔 모든 날에 로그인하고 싶어진다. 허수아비를 믿고 실하게 영글어가는 조 이삭이며

수수 이삭이 그러하고, 도로변 양쪽으로 줄지어 핀 코스모스 하늘거림도 그러하고, 가지가 휘도록 붉은 사과를 주렁주렁 매달고 선 과수원은 구도가 잘 잡힌 회화 한 폭이다.

사방을 둘러봐도 풍요롭지 않은 게 없다. 밭둑 여기저기에서 천연덕스럽게 늙어가는 호박덩이도 로그인을 요청한다. 고랑마다 흙이 쩍쩍 갈라지도록 뿌리를 키운 고구마도 그렇고, 돌담 아래서 없는 듯 순하게 자라 열매를 키운 구기자와 산수유 역시 주인과의 소통을 재촉한다.

그러나 가을엔 해가 짧다. 여름날처럼 더디고 더딘 걸음이 아니다. 동쪽에서 서쪽으로 기우는 속도가 최단 거리다. 해는 짧은데 농사꾼들은 일손이 달린다. 고양이 손이라도 빌리고 싶다지만 녀석은 게으름보. 게다가 절대로 사람의 부림을 당하지 않는 건방지기 짝이 없는 놈을 두고 오죽이나 답답하면 그런 말을 지어냈을까.

어느새 차가 마을 어귀로 들어서면 눈에 밟히던 풍경들이 반갑게 달려든다. 마을회관 앞에 차를 세우고 20년 동안 이웃사촌으로 지낸 이들과 저간의 안부를 주고받노라면 따뜻한 온정이 피돌기를 탄다. 두루두루 인사를 치른 다음 다시 차를 끌고 산으로 들어간다.

밤나무 단지는 전원생활을 하기 위해 수렛골로 들어와 곧바로 산을 매입하고 조성한 지 20년이 되었다. 6월이면 국숫발 같은 꽃을 주렁주렁 매달았다가 가을이면 바람의 작은 파동에도 알밤을 쏟아 놓는다. 흙살이 보이지 않도록 촘촘하게 너울졌던 풀도 어느덧 쇠잔해졌다. 성글어진 풀밭에서 고라니 눈동자처럼 맑은 알밤을 손길 빠르게 주어 자루에 담노라면 자신도 모르게 성호를 긋게 된다. 대지에 뿌리를 내린 초목들은 저마다 꽃을 피우고 열매를 맺어 땅으로 돌려보내는 지성스러움에 감복해서다. 게다가 알밤은 사람을 홀린다. 알밤 줍기에 정신이 팔려 점심시간이 한참 지나고서야 밤 자루를 추슬러 트렁크에 실어 놓고 샌드위치와 커피로 늦은 점심을 때우고 산 아래로 시선을 돌린다.

나지막한 지붕들 사이로 감이 익어가고 있다. 시내버스 종점 앞에 사는 이씨 부부는 사래 긴 밭에서 땅콩을 캐고 있다. 필경 땅콩을 거두고 나면 그다음은 벼 베기가 시작할 것이다. 콤바인이 굉음을 울리며 지나갈 적마다 벼 포기가 가지런히 쓸리면서 벼 알갱이는 자동으로 정부미 자루에 담긴다.

농촌에선 콤바인이 효자다. 그러나 벼가 가득 담긴 정부미 자루를 창고로 옮기려면 이웃들의 울력이 필요하다. 남녀 구분 없이 도움을 청하면 달려와 힘을 보탠다. 평생을 붙박이로 살아온 터수라 네 일 내 일이 따로 없다. 급하면 서로 돕는 두레 정신이 몸에 밴 사람들이다. 80대 중반 노인들이지만 농사를 내려놓지 못하는 것은 땅을 놀리는 건 죄가 된다는 인식이 골수에 배어서이다. 자식들은 임대로 맡기라 하지만 6대 4란 비율이 성에 차지 않아 올해도 손수 농사를 지었을 테다. 아내 또한 사철 몸뻬 차림으로 농사를 거드는 덴 이골이 났다.

수렛골에서는 아직도 밭농사론 참깨와 조와 땅콩이 주종을 이룬다. 손으로 짓는 작물이라 어려움이 따르나 수입이 짭짤해 아무리 힘들어도 포기하지 못하고 욕심을 부린다. 이런 농사는 주로 안노인들 차지다. 해가 설핏 기울도록 종일 서서 조 이삭을 잘라 마대자루에 채워 놓으면 늙은 영감이 경운기를 끌고 나와 아내와 조 이삭이 담긴 마대자루를 싣고 통통거리며 집으로 돌아간다.

   그네들 생각을 접고 서둘러 차에 시동을 건다. 해는 벌써 서쪽으로 기울었고, 길섶에선 억새꽃이 바람의 독경에 몸을 맡기고 하얗게 나부낀다.

[에세이문학 2022년 가을호]

강촌 어른과 어머니의 칠순

45년 전에 친정어머니 칠순 선물로 수의(壽衣)를 지어 드렸다. 경상도 상주에서 손으로 짠 명주 두 필을 구해 수의만 짓는 전문가에게 맡길 때 겉옷으로 입고 가실 원삼의 소매와 허리에 감을 띠엔 분홍과 연한 옥색으로 물들여달라고 부탁했다. 명주는 바탕색이 아이보리여서 색동으로 소매를 만들고 띠는 분홍으로 지으면 따뜻한 느낌을 줄 것 같아서였다. 또 어머니의 마지막 가는 길에 거친 삼베옷을 입히고 싶지 않아 크게 맘먹고 손으로 짠 명주를 수소문해 구입했던 것이다.

여자는 염할 때 쓰이는 예장의 가짓수가 많다. 속속곳,

바지, 단속곳, 적삼 치마와 저고리, 원삼, 조대, 면목 외에도 소소한 소품 열한 가지가 더 들어간다. 이걸 다 갖춰 어머니께 드리자 칠순 잔치에 모인 가족들과 친척들이 딸 노릇 제대로 했다고 칭찬을 아끼지 않았다.

그날 밤 어머니와 요를 펴고 나란히 눕자 딸의 손을 잡고 "사돈 양반도 살아계셨다면 나보다 칠순 상을 먼저 받으셨을 터인데 나만 과한 선물을 받아 염치가 없다."라고 하셨다.

시아버지와 친정어머니는 1911년 신해생이다. 동갑내기였던 시아버님은 어머니보다 두 달 먼저 태어나셨다. 서로 만난 건 결혼식장에서 인사를 나누었을 뿐이지만 중간에 자식들을 통해 사돈 간의 안부는 자주 전해지는 편이었다.

시아버지께선 신학문 대신 논어와 맹자, 대학과 시경까지 익혀 한시와 동양사학에 해박한 지식을 겸비했으면서도 티를 내지 않았다. 사람을 대함에도 차별을 두지 않고 사리 분별이 밝아 문중의 수장으로서 종친의 일을 주관하였다. 그런데 6·25 한국전쟁에 출전했던 큰아들과, 병고로 시난고난하던 딸을 앞세우는 참척을 겪었고, 50대 중반에 들어와선 아내와도 사별하였다. 혼자된 맏며느리와 손자들 뒷바라지는 온전히 시아버님 몫이었다. 하지만 당신의 아픈 속내 한 번 밖으로 드러내지 않는 대범함으로 당신의 위신을 지켰다.

시댁은 청주 근교에 있는 백운동이란 마을인데, 경주 이씨 집성촌이다. 아버님은 집성촌에서 항렬이 높아 강촌 대부로 통했다. 시어머니의 고향이 강촌이라 자연스럽게 시아버님 택호로 따라붙었다.

나는 어머니께서 혼자서만 칠순 선물 받음을 사돈에게 염치 없는 일로 여기는 겸양의 말씀을 듣는 순간 허 씨가 들려준 일화가 생각났다. 허 씨는 경주 이씨 집성촌에서 타성바지로 들어와 머슴살이가 아니면 나무 장사와 날품으로 살아가는 처지였다. 1960년대만 해도 농촌의 서민들은 허 씨뿐만 아니라 농지가 없으면 궁핍으로 얼룩진 보릿고개를 넘어야 했다. 허 씨네도 여섯 식구 먹일 양식이 떨어져 굶기를 밥 먹듯 하자 작심하고 칠흑같이 어두운 밤, 강촌 댁 광으로 숨어들었다. 그는 강촌 댁에서 3년 동안 머슴살이를 했던 전적이 있었으므로 광문을 여닫는 일이며 어느 독에 쌀이 들어 있는지 훤히 알고 있기에 쌀 한 자루 퍼 담기는 누워 떡 먹기였다. 그때 사랑채에서 아버님은 잠결에 이상한 기척을 느끼고 마당으로 내려서자 쌀자루를 메고 나오던 밤손님과 마주쳤다. 흠칫 놀란 사내는 쌀자루를 내려놓고 도망쳤다. 아무리 어둡기로 3년간 한 식솔로 살아온 자신을 몰라볼 리 없으므로 차마 쌀자루를 메고 나올 용기가 없었을 터였다.

집으로 돌아온 그는 죽고 싶은 심정이었다. 날이 새면 강촌 댁 가족들을 무슨 낯으로 볼 것이며, 소문이라도 퍼지면 동네 사람들에게 손가락질 받을 것을 생각하니 앞이 캄캄해 뜬눈으로 밤을 새웠다고 했다. 그런데 놀라운 일이 생겼다. 아침에 일어나보니 댓돌 위에는 어젯밤 강촌 댁 마당에 내려놓았던 쌀자루가 놓여 있지 않은가. 게다가 그날 밤 그 사건은 강촌 어른이 돌아가실 때까지 아무에게도 발설되지 않았다. 허 씨가 아버님 장례를 모시고 삼우제를 지내기 위해 큰댁에서 묵고 있는 우리 내외를 자기 집으로 불러 술상을 차려 놓고 눈시울 붉히며 오랫

동안 양심에 묻어두었던 죄를 털어놓았다.

"그때 어른께서 쌀을 가져다주지 않았다면, 우리 여섯 식구는 꼼짝없이 부황이 들어 누군가 죽어 나갔을지도 모른다네. 자그마치 쌀이 닷 말 가까이 되었거든." 말을 마친 그가 밝은 안색으로 남편에게 소주 한 잔을 더 권했다.

나는 강촌 어른의 인자함을 어머니께 자랑삼아 도란도란 들려드렸다. 어머니께선 "성인군자가 따로 없단다. 네 시어른처럼 없는 사람 죄를 발설하지 않고 감싸주면 그게 성인군자지." 하시곤 밤이 늦었다며 잡았던 손을 물리고 잠을 청하였다. 몸을 바로 눕히고 눈을 감자 장지문 밖에서 밤바람이 가랑잎을 휘몰고 지나가는 소리가 들렸다. 나는 지금도 그 소리를 생생하게 기억한다.

나이 들어서인가 종종 두 어른이 뵙고 싶다. 꿈에서라도 뵙고 싶지만, 꿈속에서도 모습을 드러내지 않는다. "늙어 봐야 부모 생각 날 게다"던 어머님 말씀이 가슴속 깊이 사무치는 건 내가 늙어 외롭다는 증거일 테다. 적적한 거실 복판으로 한낮의 햇살이 강촌 어른 진회색 두루마기 동정처럼 희고도 희어서 그리움이 더 사무친다.

3

풍경을 스캔하다

풍경을 스캔하다

 햇볕이 좋은 날이면 종종 남편과 함께 비내섬으로 산책하러 나간다. 집에서 차로 30분 정도 거리에 있는 비내섬은 남한강 줄기가 목계 중간에 이르러 양쪽으로 갈라지면서 이루어진 25만 평 섬이다.

 아직은 바람결이 차다. 하지만 머지않아 아지랑이가 흙의 숨결을 타고 지신밟기를 시작할 것이다. 3월로 접어들면 비내섬은 신생하는 것들의 함성과 사라지는 것들의 애잔함으로 뒤섞인다. 겨우내 철새들의 보금자리였던 물억새와 갈대숲은 뿌리 언저리에서 돋아나오는 새싹들을 위해 겨우내 버티던 결기를 꺾고 땅으로 주저앉는다.

남편이 앞서 휘적휘적 산책로로 접어든다. 그는 요즘 자주 고개를 깊이 숙이고 생각에 잠기곤 한다. 지난겨울부터 기억력이 부쩍 떨어지는 것에 대한 불안감 때문일 터이다. 남편이 가장 두려워하는 것이 알츠하이머란 질환이다. 나 역시 이 병에 대한 불안감으로부터 자유롭지 못하다. 뇌의 신경세포가 죽어가면서 서서히 치매란 단계로 들어가지만 정작 당사자는 인지하지 못하고 엉뚱한 말과 행동을 한다. 그래서 나이 든 사람들은 누구나 이 병에 대해 지레 겁을 먹는다.

그의 뒷모습이 풍경으로 멀어진다. 결혼생활 60년 가까이 되었으나 밥 한 번 지어 본 적 없는 남자다. 세탁기도 돌릴 줄 모르는 구시대의 유물인 저 남자를 두고 만일 내가 먼저 죽는다면 필경 눈을 감지 못할 것이다. 남편도 자신이 먼저 죽기를 원하지만 그건 우리 내외가 바라는 희망 사항일 뿐이다. 죽음에 대한 결정권은 우리 능력 밖이다. 그래 남편이 고개를 숙이고 생각에 잠기면 그에 대한 연민으로 가슴이 저리다.

나는 강가에 쪼그리고 앉아 강물에 손을 담근다. 찬 기운이 신경세포를 자극하면서 전신으로 퍼진다. 강이 흘러가는 것은 강의 생태다. 아니 지구란 둥근 별에서 흘러가는 모든 물줄기의 속성일 터이다. 그 속성에 따라서 밤낮으로 쉬지 않고 흘러가 닿는 곳은 바다라는 광장이다. 바다에 이르면 강은 더 이상 강이 아니다. 바다라는 공통된 명사로만 통하면서 그 안에서 새로운 생명들을 품으며 부활한다.

인간도 마찬가지다. 결국 시간에 떠밀려 흘러가 닿는 곳은 죽음이란 바다일 테다. 그러나 죽음이란 바다 역시 새로운 세계일 것이다. 모든 종교가 추구하는 궁극의 차원도 영생과 부활에 있지 않던가.

문득 1999년 겨울이 기억의 문을 열고 다가온다. 그해 가을 30년 동안 근무하던 직장에서 퇴임하자 우리는 곧바로 인터넷도 터지지 않는 산촌으로 들어갔다. 남향받이 산 아래 집을 안치고 들어갔으나 그는 낯선 환경에 적응하지 못해 곤혹스러워했고, 그동안 쌓아온 자신의 사회적 성과와 인적 네트워크에서 혼자만 떨어져 나온 단절감을 견디기 어려워했다. 게다가 자신이 축협 전무란 직책을 안고 부서에서 올라온 사업자들 대출 건에 사인해 준 것마다 IMF 타격으로 줄줄이 부도가 났다. 축협 본사에서 워낙 액수가 커지자 사인한 담당 부서 직원들과 책임자들에게 건당 10프로씩 손실 배당 액수를 매겼다. 액수가 커지자 그는 저녁마다 참이슬 소주병이 무슨 탈출구라도 되는 듯이 끼고 앉아 침묵으로 일관했다.

거실 사이로 안방과 내가 쓰는 서재는 물리적 거리와는 상관없었다. 벽 저편에서 영혼의 욱신거림으로 신음하는 그의 아픔은 나에게도 온전히 전이되었다. 북풍이 몰아치는 밤이면 젊은 날의 모습이 다가왔다. 그가 대학에서 축산학을 전공하고 축협에 들어가 시작한 일은 한우 품종 개량을 위한 인공수정사였다. 한우 챔피언 대회에서 우수 혈통으로 뽑힌 수소의 정자를 뽑아 영하 180~195도라는 최저온 상태의 정충을 박스에 담아 오토바이로 100리 길도 마다하지 않고 달리던 사람이었다. 그런 날이면 나는 신문을 몇 겹으로 접어 가죽 잠바를 입은 앞가슴에 바람막이로 대주었다. 그 후 축산업이 사양길로 들어서고 그는 행정직으로 부서를 바꾸고 책임자로 올라갔다.

그는 낮이면 화풀이하듯이 장작을 패대었다. 온돌을 놓은 서재의 겨울 땔감용 나무는 6톤 트럭으로 들인 생목이었다. 소나무와 참나무는 간혹 섞이고 주로 낙엽송이 많았다. 낙엽송은 나뭇결이 곧지 않고 뒤틀려 도끼날을 물고 늘어지기 십상이었다. 그가 목수가 선물로 만들어 준 모탕에 절단한 생목을 올려놓고 힘껏 내려치면 나무는 전위적인 파열음을 내면서 두 동강이로 갈라졌다. 나무도 제명대로 살지 못하고 전기 톱날에 죽은 원한을 풀듯이 갈라질 적마다 펄쩍 튀었다가 땅으로 곤두박질쳤다. 그는 저만치 곤두박질친 장작개비를 주워다 오래 묵은 살구나무 밑으로 차곡차곡 쌓았다.

그날은 해 질 녘에 눈발이 자욱이 퍼부었다. 군불을 지피던 그가 갑자기 다락문을 열고 퇴직할 때 싸 온 보따리를 끄집어냈다. 이어 아궁이 앞으로 다가가 명패와 함께 서류뭉치를 화풀이하듯 아궁이에 집어 던졌다. 하얀 거품을 내뿜으며 타는 생목과 함께 남편이 던져 넣은 물체에 불이 붙으며 연기를 굴뚝으로 밀어 넣었다. 굴뚝이 꾸역 꾸역 들어오는 연기를 끌어올려 공기의 기압 속으로 풀어놓으면, 푸른 연기는 산허리를 감고 조용히 흩어졌다. 그는 아궁이 앞에서 물러 나와 장작더미 아래서 뒷짐을 짚고 망연하게 눈발 속에 한참을 서 있었다.

  그해 겨우내 남편은 낯섦과 억울함, 섭섭함과 서글픔으로 얼룩져 지냈다. 다시 평정심을 찾기까지 적잖은 시간이 걸리고서야 우리는 산촌의 일원으로 스며들었고, 20년 동안 얼치기 농사꾼으로 오순도순 잘 살았다.

  그가 저만치서 발길을 되돌리며 나를 향해 손짓한다. 죽음이란 바다에 언제 닿을지는 모르지만, 팔십 중반 노구로 멀리서 손짓하는 풍경을 나는 기억의 파일에 고스란히 스캔해 넣는다.

[문학공간 2024년 12월호]

스마트폰과 키오스크의 사연

 토요일 점심시간이었다. 친구와 모처럼 추어탕을 먹기로 약속하고 시간을 맞춰 나갔다. 우리가 자리 잡고 앉은 지 5분 정도 되었을 때 가족 네 명이 들어와 바로 옆 식탁에 둘씩 마주 앉았다. 네 명 중에서 70대 중반쯤 되어 보이는 할머니는 옷차림으로나 검게 탄 피부로 보아 시골에서 나온 듯싶었다. 필시 직장에 다니는 50대 아들 내외가 모처럼 어머니를 모시고 나와 추어탕을 대접하기 위해 자리를 마련한 것으로 보였다. 마침 중복 날이었기 때문이다.

 하지만 놀라운 건 아들 내외가 자리를 잡고 앉자마자

할머니만 빼놓고 스마트폰을 꺼내 든 모습이었다. 20대 손자는 진즉부터 노이즈 캔슬링 이어폰으로 귀를 막고 들어와 할머니 옆에 앉자마자 힙합을 듣는지 한쪽 발로 가볍게 리듬을 타며 음악에 도취되어 있었다.

식당 도우미가 메뉴를 묻자 사내가 추어탕 4인분을 주문하곤 다시 화면에 코를 박았다. 며느리 역시 액정화면에서 눈을 떼지 않았다.

내가 한사코 노인을 놓고 가족관계를 딸네 가족이 아니고 아들과 며느리와 손자로 묶는 건 대체적으로 딸들은 어머니를 모시고 나오면 끊임없이 대화를 나누기 때문이다. 그렇게 눈길 한 번 주지 않고 주문한 추어탕이 나왔어도 제각기 스마트폰 화면에 빠져 입과 손과 눈이 따로 놀지는 않았을 터이다. 오로지 디지털 라이프 세상에서 홀로 밀려난 할머니만이 투명 인간으로 혼자 밥을 먹었다. 세 가족 사이에서 아웃사이더로 끼어 고개를 숙이고 마지못해 추어탕에 밥 반 공기를 말아 입에 떠 넣던 노인의 어둡고 씁쓸해하던 표정이 집으로 돌아오는 내내 눈에 밟혔다.

그날 필경 할머니는 집으로 돌아가 '그놈의 스마트폰이 웬수라고, 내 자식들 다 벙어리로 만들어 놓았다.'라고 주먹으로 가슴을 쾅쾅 두들기고 찬물 한 그릇을 벌컥벌컥 들이켰을 터이다.

이번엔 키오스크에 관한 얘기다. 며칠 전에 충주댐 가에 있는 카페에 들어갔다가 키오스크로 커피 주문하는 방법을 찾지 못해 한참을 기기 앞에서 헤매다 누가 볼세라 얼른 나오고 말았다. 지난번에 들렀을 때는 주인이 나와 친절하게 키오스크 사용 방법을 알려주었지만, 노쇠한 해마의 신경세포는 그새 길이가 더 바싹 줄어든 모양이다. 씁쓸한 심사로 돌아 나오면서 한동안 소셜미디어를 달구었던 일화를 떠올렸다. 화제의 주인공이 오늘의 나처럼 키오스크로 먹을 것을 주문하다 마음대로 되지 않자 주먹을 휘둘러 모니터를 박살 낸 사진이 유튜브에 공개되자 "네맘 내맘"이란 댓글이 수백 개나 올라왔었다.

그러나 이러한 풍경은 어디에서나 쉽게 볼 수 있다. 현재 내가 살고 있는 신도시는 산업단지를 끼고 있어 젊은

이들이 주로 산다. 그들은 아침 출근할 때 현관문을 나서면서부터 스마트폰을 꺼내 들고 그것에만 시선이 집중된다. 엘리베이터 안에서 사람을 만나도 눈길 한 번 주지 않을뿐더러 아파트 정원에 벚꽃이 활짝 피었어도 오로지 스마트폰만 들여다보며 주차장까지 걷는다.

우리 동네 아파트 근처에 있는 24시간 편의점과 빨래방, 문구점에서도 키오스크가 고객이 필요한 상품 선택을 기다리고 결제까지 맡고 있다. 나는 겨우내 거실에 깔았던 카펫을 빨고 싶은데도 빨래방 기기를 잘못 눌렀다가 사고라도 칠까 봐 아들 내외 오기만을 기다리고 있다. 그런데 이 키오스크 사용 방법이 가게마다 달라서 실버들을 황당하게 만든다. 이런 터에 나 역시 인공지능 AI를 비서처럼 부리는 일은 엄두도 못 낸다.

그래 요즘 슬럼프에 빠져 20년 동안 살다가 나온 산촌을 그리워한다. 옥수수를 쪘다고 따끈따끈한 찰옥수수 바구니를 넘겨주던 이웃들 얼굴이 보고 싶고, 내일은 아무개 어르신 생일잔치 먹을 일 생겨 아침밥 짓지 않게 되었다고 호들갑을 떨어대는 촌부들의 정겨운 웃음소리와 소박한 이웃사랑에 다시 안기고 싶어서이다. 이들은 AI가 쓴 시나 산문을 슬쩍 패러디해 자기 이름으로 발표하는 지적 범죄도 저지르지 않는다. 챗 GPT의 신기술을 배우지 않아도 살아가는 데 전혀 불편을 느끼지 않는다. 흙을 밟고 흙의 숨결을 맡으며 온몸으로 농사를 짓는 이들과 다시 한통속으로 섞이고 싶어 나는 때때로 송신증을 앓는다.

[문학인신문 2024년 4월]

외갓집 가던 날

 나는 외갓집 이야기만 나오면 헤어질 수 없는 사람과 하직 인사를 나눌 때처럼 가슴이 먹먹해진다. 이런 감정에 휘말리는 것은 팔십 생애를 살아온 행적이 허랑해서가 아니다.

 그날 칠십 리 길을 엄마와 가마를 타고 찾아간 다섯 살 먹은 손녀에게 외조부께서 "애비 얼굴도 모르는 불쌍한 것"이라고 했던 그 한마디가 어린 심장에 돋을새김으로 박혀 있어서다. 아이는 그런 형용사를 듣기 이전부터 깜냥대로 자신이 불쌍한 존재라는 걸 알고 있었다. 1년에 세 번, 그러니깐 설과 추석과 아버지 제삿날이 돌아오면 엄마는 큰오빠에게 지방 쓰는 법과 제물 진설하는 순서를 알려주었고, 나는 오빠들을 따라 '顯考學生府君神位'와 옆에 놓인 사진을 향해 납죽납죽 절을 올렸다. 그럴 적마다 양복 차림의 사진 속 주인공은 이미 존재하지 않는다는 것과, 오로지 세상에서 의지할 사람은 엄마와 오빠 둘뿐이란 사실을 스스로 터득한 바였다. 그런 손녀와 첫 만남에서 외조부는 자신도 모르게 가여운 마음이 들어 한마디 던진 말씀이 외손녀의 자존심을 건드리는 실언이 되고 말았던 것이다.

다음으로 외갓집 가던 길이 시그널 뮤직처럼 시적 감성을 자극하는 것은 외가를 가려면 반드시 배를 타고 강을 건너야 하는데, 그때 망막 안으로 비쳐들던 목가적인 풍경들이 기억의 갈피에 원형대로 보전되어 있기 때문이다.

당시 영월에서 내려오는 뗏목은 서울 마포나루가 목적지였다. 산지에서 사들인 특산물을 뗏목 가득히 실었어도 강은 무게의 총량과는 무관하게 뗏목을 나뭇잎처럼 가볍게 띄우고 흘러갔다. 더러 목계나루에서 교환할 물건이 있을 땐 뗏목에 설치해 놓은 줄을 나룻목에 고정시켜 놓고는 일쑤 묵어가기도 했다. 또 마포에서 해산물을 싣고 청풍과 영월로 올라가던 뗏목도 목계나루에 닿으면 싣고 온 해산물 중 반 이상 풀어 중간도매상에 넘겼다. 보부상들은 이쪽 물건과 저쪽 물건을 떼어다 팔기 위해 목계나루는 장날이 아니어도 언제나 북새통을 이루었다.

내가 태어나 이렇듯 많은 사람이 북새통을 이루는 전경을 처음 목격한 것은 다섯 살 적이었다. 6·25전쟁 이전까지 시골 면 단위 양반가 여성들은 멀리 친정을 가거나 결혼식을 올리고 시댁으로 들어갈 때는 주로 가마를 이용했다. 그날 외갓집으로 가던 날에도 외조부가 가마를 보내왔다. 땅만 딛던 아이는 가마의 출렁거림이 무서워 가랑이를 벌리고 엄마 무릎에 올라타고선 양손으로 엄마 목을 꼭 부여잡았다.

얼마 후 가마꾼들이 걸음을 멈추고 문을 열어준 곳이 목계나루였다. 나루엔 군데군데 차일이 쳐져 있었고, 차일 안에선 음식 냄새가 풍겼으며, 그 사이로 등짐을 진 보부상들이 몰려다녔다. 강에는 정착해 있는 뗏목과 강을 거슬러 올라가는 뗏목 사이로 늦가을 햇살이 강물과 부딪쳐 일으키는 파장으로 눈이 부셨다.

아이는 실눈을 뜨고 강을 바라보았다. 뗏목 위 여러 사람이 서서 노를 저으며 반짝이는 강물을 따라 아스라이 멀어지는 풍경은 놀라움 자체였다. 또 강물이 푸르다는 걸 처음 본 아이는 푸른 물빛이 신기해 손으로 만져보고 싶어졌다. 강가에 쪼그리고 앉아 찰랑거리는 강물을 두 손을 오므리고 퍼 담아 보았으나 손안에 고인 물은 맑아 물을 버리고 다시 퍼 담아도 물은 푸른빛을 띠지 않았다. 이윽고 강 건너로 나갔던 배가 돌아오자 가마꾼들과 배를 기다리던 사람들이 배에 올랐고 아이도 엄마와 함께 배를 탔으나 뱃전이 높아 더 이상 두 손을 오므리고 강물을 퍼 담을 수 없었다. 이번엔 뱃전 한쪽 귀퉁이에 매달아 놓은 바가지로 푸른빛이 담긴 강물을 퍼 달라고 떼를 썼다. 꼬맹이가 하는 짓을 배에 오르기 전부터 지켜보았던 사람들은 박장대소했다. 아이는 무안해 엄마 품으로 파고들며 가마에 오를 때까지 울었다.

가마꾼들은 어둠살이 먹물처럼 번지고서야 용마루가 높은 집 안채 마당에 우리 모녀를 내려놓았다. 마당에서 딸이 온 기척을 듣고 외할머니께서 나와 어머니 손을 잡고 한약 냄새 절은 외조부 방으로 데려갔다. 외조부는 머리에 흰 띠를 두르고 앉아 딸과 외손녀를 기다리고 있었다. 조부는 처음 대하는 외손녀의 손을 잡고 바싹 마른 입술로 "애비 얼굴도 모르는 불쌍한 것"이라 했고, 고개를 숙이고 있는 당신의 딸에게는 무슨 당부인가를 길게 하셨다.

우리는 다음 날에 다시 가마를 타고 강 밖의 열린 공간에서 다시 강 안으로 돌아왔다. 그리고 얼마 후에 외가에서 누군가가 급하게 다녀갔고, 어머니는 마당에 초석을 내다 깔고 쪽찐머리를 푼 다음 땅에 엎드려 호곡하셨다. 당시 외조부는 서른넷에 남편을 여읜 딸을 팔자 드신 여자라 하여 가문의 수치로 여겼고, 그래도 죽기 전에 한 번은 그 딸이 보고 싶어 가마를 보냈던 것임을 커서야 알게 되었다.

그러나 다섯 살 먹은 아이는 그때 엄마가 흰옷을 입고 어깨를 들썩이며 울던 모습에서 죽음이란 실상이 어떤 것인지를 어렴풋이 짐작할 수 있었다. 따라서 외조부가 마른 입술로 손녀의 손을 잡고 하시던 말속에는 태어난 지 열 달 만에 애비를 잃은 너도 박복하기가 어미와 다를 바 없다는 뜻이 포함되었음을 차츰 알게 되어 10년 넘도록 외갓집에 가지 않았다. 외가 친척들로부터 아비 얼굴도 모르는 불쌍한 아이로 취급당하는 건 참을 수 없는 슬픔이고 자존심 상하는 것이었으므로.

한 번 흘러간 것들은 돌아오지 않는다. 하지만 뇌세포에 저장된 기억이란 메카니즘을 통해 과거를 반추할 수 있다는 건 다행한 일이다. 백발에 이른 내가 외갓집 가던 날 푸른 강물을 떠달라고 얼토당토않게 생떼를 부리던 일이며, 사공이 노를 저을 적마다 마을과 산이 빙빙 돌면서 시야에서 멀어지던 아스라한 풍경만은 고스란히 남아 있다.

이제는 외조부가 돋을새김으로 남긴 말씀도 그리움으로 되살아난다. 당신 눈에 어린 외손녀가 오죽 가련했으면 그런 말씀을 하셨겠는가 싶어 이해되고도 남는다. 그러고 보면 시간의 흐름은 만병통치다.

[그린에세이 2024년 9~10월호]

작은 성자(聖者)

　의료 파행을 지켜보면서 그동안 내가 존경하고 믿었던 의사에 대한 신뢰가 무너졌다. 정부가 발표한 의대생 증원 2천 명에 대한 저항에 내가 옳고 그름을 따질 입장은 아니지만, 분명한 사실은 의사는 사람의 생명을 다루는 거룩한 직업이란 점이다. 거룩한 직업이기 때문에 천하를 다스리는 제왕도 몸이 아프면 의사 말에 절대복종한다. 옷을 벗으라면 옷을 벗고, 사타구니를 보이라면 사타구니를 들어 올린다. 이렇게 환자에게 절대적인 존재로 인정받는 이가 바로 의사다.
　나의 기억 속에는 자전거를 타고 왕진을 다니던 젊은

의사 모습이 성자로 남아 있다. 1960년대 초에 연세대 의대에서 내과를 전공한 젊은 의사가 시골 면사무소 뒤에 병원을 개원했다. '연세병원'이란 간판을 걸고 간호사인 아내와 병원을 차린 의사는 거동 못 하는 환자가 있으면 청진기와 약품을 자전거 뒤에 싣고 환자의 집으로 왕진을 나갔다. 택시도 자가용도 없던 시절이라 의사는 자전거를 끌고 산을 넘고 개울을 건너 찾아가면 환자의 방은 어두컴컴하기 일쑤였다. 목욕 시설도 없던 때여서 환자의 몸에선 악취가 났어도 아무렇지도 않은 양 환자의 가슴을 풀어 묵묵히 청진기를 대고 진찰했다. 응급한 환자가 있으면 자전거 바퀴를 최대한 빨리 돌려 경찰서로 달려가 경찰서 지프차에 환자를 태워 도립의료원으로 이송을 시키는 일도 그분의 몫이었다.

시골병원에 들어온 의사의 친절함이 입소문을 탔고, 다른 지역에서도 환자를 마차에 태우거나 자전거를 이용하여 그 병원으로 몰려들었다. 게다가 초등학교 학생들을 대상으로 한 천연두와 장티푸스 예방접종도 연세병원에 맡겨졌다. 군 보건과에서 요청한 일이었고, 주사 약품은 정부에서 무상으로 보급해 주었다.

연세병원 원장은 독실한 장로교 교인이었다. 대학 시절부터 세브란스 의과대학을 설립하도록 도왔던 언더우드와 에비슨, 그리고 설립 자금을 후원해 준 '존 세브란스'를 존경했던 그는 전공의료 과정을 이수하면 농촌으로 들어가 가난한 환자들을 돌볼 것을 학생 시절부터 염두에 두었다고 했다. 한국이란 후진국에 병원을 설립하기 위해 일생을 바친 언더우드와 그 가족들이 보여준 박애 정신에 감동한 원장은 그 감동을 실천하기 위해 농촌으로 들어와 병원을 차린 것이었다.

보릿고개가 한창일 즈음에 가난한 환자들은 치료비를 가을로 미루곤 했는데 원장은 그대로 받아들였다. 가을에 돈 대신 잡곡으로 가져오는 이들도 허다했다. 원장은 쌀이나 잡곡을 받으면 그걸 모아 충주시에 있는 성심맹아학교로 보냈다. 성심맹아학교는 1955년 멜리노 외방 선교에서 파견된 옥보을 신부가 설립했으나 경제적으로 어려움이 적잖을 때였다.

원장은 주일이면 아내와 주일 예배에 빠짐없이 참석했

다. 교회 건물은 작고 초라했다. 교회 바닥은 멍석을 깔았고, 지붕은 볏짚으로 이엉을 엮어 올린 초가였다. 게다가 목회자 월급을 지불할 형편이 못 되어 전도사가 사목활동을 대신했지만, 그분은 멍석을 깐 바닥에 무릎을 꿇고 기도를 드렸으며 매달 11조 헌금을 냈다. 그 헌금은 전도사의 생활비와 교회 운영비로 요긴하게 쓰였다.

30년 동안 면 단위에서 병원을 운영하던 원장의 진료실 벽에는 히포크라테스 선언문 대신 "진리가 너희를 자유롭게 하리라."라고 쓴 연세대학 교훈을 액자에 담아 걸어 놓았었다.

진리의 근본은 어떤 어려움 속에서도 인간에 대한 존엄성과 성실함, 그리고 사랑을 실천할 줄 아는 데 있을 것이다. 연세병원 원장은 그 진리의 근본을 몸소 실천한 작은 성자였다.

[문학인신문 2024년 3월]

새우젓 맛

새우젓은 살림깨나 한다는 주부들에겐 필수적인 재료다. 김장할 때 쓸 오젓과 속살이 단단한 육젓은 물론, 콩나물국에 쓰이는 추젓 정도는 갖추어 김치냉장고에 보관할 것이다. 특히 잘 발효된 육젓은 맛이 깊고 달다. 이렇게 단맛을 내려면 1년 이상 발효 기간이 필요하다. 인터넷이나 직접 산지에서 주문해 항아리나 유리병에 담아 숙성될 때까지 기다려야 한다. 이런 기다림 없이는 고유한 제맛을 얻어 낼 수 없는 음식이 새우젓이고, 새우젓의 쓰임새는 다양해 공간이 넉넉한 김치냉장고에 따로 저장한다.

가끔 어머니가 속절없이 그리울 때가 있다. 그런 날에

는 곰삭은 육젓을 꺼내 묻힌다. 육젓은 연한 살구색에 국물이 진하다. 여기에 다진 마늘과 잣을 넣고 쪽파 한 줄기 송송 썰어 깨소금과 참기름을 친 다음 젓가락으로 살살 뒤적인다. 이건 손으로 주물러 맛을 내는 음식이 아니다.

공기에 밥을 떠 새우젓 무침 한 가지로 밥을 먹으면 어머니께서 왜 입맛이 없거나 소화가 안 될 때 새우젓 무침을 자주 드셨는가 알게 된다. 식품을 연구하는 이들에 따르면 새우젓에는 단백질을 소화시키는 프로테아제란 성분이 다량으로 함유되어 있을 뿐만 아니라 지방을 분해시키는 리파아제란 효소까지 들어 있다고 한다. 삶은 돼지고기에 새우젓이 따라붙는 건 단백질과 지방 분해를 돕기 위해서다. 어머니께선 이런 학설을 전혀 모르셨지만 짭짤한 뒷맛에 따라붙는 고소하고 달짝지근한 맛이 구미에 맞기도 했거니와, 무엇보다 속이 편해 자주 드셨다. 게다가 가을철이면 햇밤을 까 듬성듬성 썰어 섞으면 짠맛도 덜고 씹히는 식감도 좋아 새우젓 무침이 밥상에 오르면 군침이 먼저 돌았다.

충주는 바다와 동떨어진 내륙지방이다. 국토 삼면이 바

다인 우리나라에서 유독 충청북도만 바다를 끼고 있지 않아 냉동고와 교통수단이 어려웠던 1950년대엔 시골 면 단위 촌부들은 싱싱한 생선이나 조개류는 맛보기 어려웠다. 주로 말린 북어와 절인 고등어가 고작이었다. 절인 조기는 제사상에 올릴 때만 구경할 수 있었다. 얼음이 얼쯤에서야 동태가 등장했다. 뻣뻣하게 언 동태를 상인들은 세 마리 또는 다섯 마리씩 코에 칡을 꿰어 팔았다. 이걸 사다가 땅에 묻은 무와 파를 꺼내다 동태찌개를 끓이면 별미 중 별미였다.

다시마와 미역은 사철 건어물 상회에서 팔았지만, 새우젓은 도부상들이 나무로 짠 구럭에 넣어 등에 지고 마을을 찾아다니며 팔았다. 남정네도 아닌 중년 여인들이 무겁게 새우젓을 지고 우리 집으로 들어오면 어머니는 군말 없이 새우젓을 사서 저장해 두곤 했다. 전라도 사투리를 쓰던 한 여인은 해가 저물면 산 너머 마을로 갔다가 다시 우리 집으로 돌아와 하룻밤 자고 가길 청하였다. 어머니의 인자한 성품을 먼저 알아차리고 청을 넣은 것인데 어머니는 한 번도 거절하지 않고 잠자리를 마련해 주었다.

여인네가 구럭을 지고 떠도는 처지를 가엽게 여겨 밥을 먹이고 잠을 재워 보내는 걸 당연한 일로 여겼다. 뿐만 아니라 물건을 살 땐 한 푼도 깎지 않았고 덤도 사양하였다.

어머니가 도부상들에게 사들인 새우젓은 주로 오젓이 아니면 늦가을에 잡은 추젓이었다. 그것도 값이 만만치 않아 놋대접으로 대여섯 정도 사놓고 입맛이 없거나 계란찜 할 때만 다져 넣었다. 그나마도 며느리가 들어오자 살림을 맏며느리에게 넘겨주고 뒤로 물러나 우린 어머니 손맛을 더는 볼 수 없게 되었다.

그랬던 어머니께서 딸네 집으로 오시면 당신이 젊은 날에 하던 음식을 하나하나 일러주셨다. 장 담는 것과 고추장 담는 법에서 명절 음식까지 고루 자상하게 일러주었다. 지금 우리 집에서 만드는 음식은 어머니께서 오실 적마다 가르쳐 준 맛을 그대로 전수 받은 것으로, 50년 동안 아파트에서 살아도 간장과 고추장, 쌈장을 한 해도 거르지 않고 담았다. 게다가 어머니는 음식에도 고명 없는 걸 좋아하셨다. 금방 먹는 떡에도 살을 박는 법이라면서.

딸은 어머니를 닮는다. 그러니 음식 맛을 전수받는 건

자연스러운 내림이라 하겠다. 어머니가 살림하실 때처럼 나도 실고추와 검은깨 볶음과 잣은 항상 갖추어 놓고 음식에 따라 쓴다. 여름철이면 애호박볶음도 새우젓이 들어가야 제맛을 낸다. 들기름을 넣고 파란빛이 살도록 알맞게 볶을 때 새우젓으로 간을 하고 마늘 양념 다음으로 실고추와 흑임자를 살짝 뿌리면 고명으로 훌륭하다. 하얀 접시에 담아 보리쌀 섞어 지은 밥과 고추장을 넣어 비비면 호박의 단맛과 고소한 맛이 혀에 감친다. 나박김치 담을 때에도 열무김치 담을 때에도 소금 간보다 새우젓을 갈아 넣으면 한결 맛이 깊고 그윽하다.

새우는 바다에서 아주 작은 생물에 속한다. 조상들은 그 작은 생물을 소금에 절여 발효시키는 지혜를 터득하여 후손들에게 전수하였다.

지금은 때가 여름철이다. 오늘 저녁 메뉴는 새우젓 애호박볶음과, 새우젓 무침을 메인 요리로 올릴 생각이다. 쌀밥 한 공기, 마른 생강 몇 쪽 연하게 우려 물에 말아 함께 먹으면 잠도 달겠다.

[충주문협 2022년]

일곱 송이 장미꽃

 장미꽃이 피는 5월이다. 장미꽃을 보면 미켈란젤로의 조각상 〈피에타〉와 금아 피천득 선생님 수필 〈장미〉가 떠오른다.

 조각상 〈피에타〉는 마리아가 십자가에 못 박혀 죽은 아들의 시신을 무릎에 안고 있는 형상이다. 서른세 살 청년 예수는 머리에 가시관을 쓰고 매질을 당하고 십자가 처형으로 피투성이가 되어 죽었다. 숨을 거둔 뒤에도 유다인 군사가 시신을 십자가에서 끌어 내려서 죽음을 확인하기 위해 창으로 옆구리를 찌르니 피와 물이 나왔다고 요한복음 19장 34절에 기록되어 있다. 그러나 어머니 무릎에 안긴 예수님 몸은 깨끗하게 정화되었다. 얼굴도 평온하게 잠든 모습이다. 마리아는 사지를 늘어뜨리고 무릎 위에서 잠든 듯 죽어 있는 아들을 차마 눈 뜨고 볼 수 없어 감은 모습으로 묘사되어 어미의 슬픔을 극대화했다. 그래 가톨릭 교인들은 장미가 피는 5월을 성모성월로 정해 놓고, 축제일이 열리면 성모 마리아 머리에 장미꽃 화관을 씌워 드리고, 신자들도 한복을 곱게 차려입거나 단정한 옷차림으로 나와 성모상 앞에 붉은 장미꽃 한 송이씩을 바친다.

나도 성당 입구에서 장미꽃을 살 때 친한 교우가 옆에 있거나 저만치서 걸어오고 있으면 그들의 몫까지 얼른 챙긴다. 금아 선생님께서 일곱 송이 장미를 사 들고 집으로 가는 길에 친구들에게 죄다 나누어주고 빈손으로 돌아갔던 일화가 떠올라서다.

꽃다발은 누구나 받고 싶은 선물이다. 그러나 남자가 꽃을 사는 일은 흔하지 않다. 아내의 결혼기념일이거나 사귀는 연인에게 청혼하려고 사는 경우가 있긴 해도 "잠이 깨면 바라다보려고 장미 일곱 송이를 샀다"라는 이야기는 금아 선생님이 처음이다. 키와 몸집이 비교적 작은 편이었다는 선생께서 꽃집에서 일곱 송이 장미꽃을 포장해 들고 거리로 나오자 주변 사람들로부터 눈길이 쏠림은 당연했을 것 같다. 여학생들뿐만 아니라 중년의 여성들까지 부러운 시선을 보냈을 터이다. 그 당시엔 남자가 꽃을 사 들고 가는 모습은 보기 어려웠을 것이었으니.

선생께서 꽃을 사 들고 가는 즐거움은 시간이 가면서 변주를 탄다. 전철을 기다리는 정거장에서 친구 Y를 만난다. 그는 달포째 앓고 있는 아내에게 약 지어줄 돈이 떨어졌다며 한껏 위축되어 있었다. 선생께서도 약값 보낼 돈이 없어 잠시 머뭇거리다 그의 아내에게 주라고 장미 두 송이를 뽑아 준다.

그다음은 친구 C를 찾아간 이야기다. 친구의 책상 위에 놓여 있는 화병에 시든 꽃을 본 기억을 떠올리곤 그냥 갈 수 없다며 친구의 하숙집을 찾아간다. 친구는 아직 돌아오지 않았는데 선생께선 방으로 들어가 시든 꽃을 뽑아버리고 화병에 물을 갈고 손에 들고 간 장미 두 송이를 꽂아놓고 "딸을 두고 오는 어머니같이 뒤를 돌아다보며 나왔다."라고 하셨다니, 그 여린 심성과 다정다감함에 미소 짓지 않을 수 없다.

이제 선생의 손에는 세 송이 장미가 남아 있다. 전철 안에서 "팔에 안긴 아기가 자나 들여다보는 엄마와 같이 종이에 싼 장미를 가만히" 들여다보면서 안고 온 장미를 이번엔 애인을 만나러 가는 K에게 준다. 이렇게 일곱 송이 장미를 세 명의 친구에게 나누어 주고 빈손으로 돌아가는 금아 선생님의 뒷모습은 키 작은 성자로 커다랗게 클로즈업된다.

선생께서 "선물은 주고 싶어 주는 것이어야 하고, 받는 사람을 기쁘게 하는 것이 선물의 목적이어야 한다."라고 말씀하셨다. 나도 수필집 『인연』 개정판을, 지난해 6월 수리산 자락에서 금아 선생님 삶을 흠모하며 난(蘭)과 책을 귀하게 여기며 살아가는 우보 선생에게 선물로 받았다. 오랫동안 헤어져 있던 어른을 다시 친견하는 반가움으로 책을 받았고, 우보 선생도 나를 기쁘게 해 주고 싶어 책을 보냈을 터이다.

다시 읽어도 선생님 작품 중에서 나는 〈장미〉가 제일 좋다. 그분이 꽃집으로 들어가는 모습을 시작으로 이 꽃저 꽃을 구경하는 모습이며, 꽃을 사 들고 조금은 우쭐한 기분으로 전차를 타기 위해 걸어가는 걸음걸음이며, 아내 약값이 떨어져 풀죽은 친구에게 꽃을 건네주던 손길이며, 또 외출에서 돌아온 C라는 친구 역시 문을 열고 방으로 들어섰을 때 화병에 꽂힌 싱싱한 장미꽃 두 송이를 보고 감격해하는 장면이며, 병상에서 남편 친구가 보내준 장미꽃 두 송이를 받아 들고 모처럼 환하게 웃을 여인의 미소가 동영상으로 내 머릿속에서 전개된다. 이래서 금아 피천득 선생님을 내가 아는 작가 중 최고의 휴머니스트라고 엄지를 추켜세운다. 필경 당신의 화병이 비어 있어 아쉽기는 했어도 친구들에게 꽃을 나누어준 기쁨으로 그날 밤은 단잠 속으로 깊이 빠지셨을 것이다.

이렇듯 선생께선 작고 소박한 생활을 귀하게 여겼지만, 우국 정신은 왜소한 체구와는 달랐다. 일제강점기 때 조선의 엘리트들 대부분이 일본으로 유학 갔으나 선생께선 19세 약관에 도산 선생을 만나기 위해 상해 호강대학 예과에 입학했다. 다음 해에는 동아일보에서 발행하는 《신동아》에 시로 등단하고 영문과로 전학하게 된다. 한편으론 도산 선생님을 자주 찾아뵙고 인간이 지녀야 할 근본 정신과 "지도자일수록 과학적 정확성과 예술적 정서를 가져야 한다."라는 가르침을 가슴 깊이 새겼다. 그리곤 평생 그 말씀을 실천하기 위해 8·15광복과 더불어 지성인들 간에 벌어지는 이념적 대립의 혼란한 시기와 6·25 한국전쟁을 지나오는 동안 온갖 어려움을 겪으면서도 올곧게 당신의 의지를 굽히지 않고 성실하게 살았다. 또 일찍이 시로 등단하였으나 수필로 더 명성을 떨쳤고, 한국수필문학의 위상과 기초를 다지는 데에도 크게 영향을 끼쳤다.

나는 이래서 매년 5월이면 마음을 정결하게 가다듬고 성모 축일을 기다린다. 성자의 어머니 발아래 장미꽃을 바칠 수 있어 좋고, 금아 피천득 선생님께서 친구들에게 나누어 준 장미 일곱 송이 일화가 뒤를 잇기 때문이다.

1,200초

 성당에서 미사 시간은 엄중하게 지켜진다. 그런데 오늘은 20분이나 늦었다. 사전에 예배 시간이 지연되는 것에 대한 사유를 밝히지 않은 터라 이를 주관하는 전례부가 먼저 당황해하였다. 예복을 갖춰 입고 신부님이 나타나기를 기다리는 복사들도 사정은 마찬가지다. 100명이 넘는 신자들 역시 입은 다물고 있었지만 불안한 기색이 역력했다. 옆자리에 앉은 중년 남자는 시계가 걸려 있는 벽 쪽으로 자주 눈길을 보냈지만, 군소리를 달진 않았다.
 기다림이 초조할수록 시간의 흐름은 더디게 느껴진다. 장 화백과 점심 약속을 일주일 전에 해 놓은 터라 나도 내

심 불안감이 들지 않는 건 아니다. 일요일 낮 미사는 열시 반에 시작하면 열두 시 정도에 끝나곤 했으므로 열두 시 반으로 점심시간을 정했다. 태연한 척 눈을 감고 있었지만, 귀는 온통 문 쪽으로 향해 곤두섰다.

살그머니 스마트폰을 꺼내 시간을 보았다. 10시 45분이었다. 15분이 지나자 사회를 맡은 분이 사제관으로 가 보아야 하는가에 대해 갈등하는 눈치였고, 엄마 품에서 잠들었던 아기가 깨어났는지 칭얼대는 소리가 뒤쪽 줄에서 들렸다.

정확하게 20분이 지나고서야 중앙 문이 열렸다. 얼굴이 벌겋게 달아오른 신부님이 허둥거리며 들어와 죄송하단 말을 세 번이나 거듭했다. 전날 청소년수련대회에 참석했다가 늦어 청주에서 자고 새벽에 출발하여 사제관으로 돌아왔다고 했다. 아침 식사는 우유 한 잔으로 때우고 잠깐 눈을 붙였다가 일어나려고 알람까지 맞추어 놓았는데 깊이 잠들어 알람 소리를 듣지 못했노라고 사정을 털어놓자 신자들은 일제히 손뼉을 쳐 신부님 무안함을 감싸주었다.

시골 성당 사제는 일주일 동안 한 번도 쉬는 날이 없다. 재정이 넉넉하지 못해 수녀님도 두지 못한 터라 혼자서 성당에서 일어나는 모든 일을 책임져야 하고, 식사도 손수 해결한다. 게다가 멀리 강 벼루를 돌고 돌아 소태면 오지에 있는 공소까지 미사를 집전하고 온다. 그렇기에 젊은 사제가 아니면 몸이 견뎌내질 못한다. 오늘도 시간에 쫓겨 우유 한 잔으로 아침 식사를 대신하고 깜빡 잠들었던 것을 죽을죄라도 지은 양 신자들에게 사과부터 했다.

나는 장 화백에게 조금만 더 기다려 달라는 문자를 보냈다. 그리곤 서둘러 약속한 장소로 나가는 동안 며칠 전에 『따뜻한 하루』에서 보내준 아침 편지가 생각났다.

시계만 제작해 온 어떤 사람이 성인이 되는 아들에게 선물로 줄 시계를 시침(時針)은 동으로 분침(分針)은 은으로, 그리고 초침(秒針)은 금으로 만들어 주었다. 시계를 받아 든 청년은 초침을 금으로 만든 것이 궁금해 아버지에게 이유를 물었다. 그는 아들의 질문에 이렇게 답하였다.

초를 잃으면 모든 시간을 잃은 것이나 마찬가지다.

세상만사 초에 의해 결정된다는 걸 잊지 말고 너도 성인이 되었으니 1초의 시간도 책임지는 사람이 되어라.

시계공이 아들에게 들려준 이 말은 내게도 큰 감동을 주었고 한편으론 부끄러웠다. 나도 그분의 아들처럼 1초가 모여 분이 되고 시간이 된다는 것은 인식하고 있었지만, 정작 1초가 지닌 가치에 대해선 무심했기 때문이다.

초에 대한 이런 개념은 나 혼자만은 아니었을 터이다. 지구에 사는 문명인들은 오래전부터 시간의 단위를 초가 아닌 시(時)와 분(分)을 기준으로 삼았고, 그 기준에 맞추어 생활해 왔다. 출퇴근 시간과 기차와 버스, 비행기의 이착륙과 배의 출항까지 시간표에 의하여 행해져 왔던 것이다. 종교단체에서도 시작과 끝 또한 초에 맞추지 않았음은 물론이다. 이러한 관습에 길들여져 온 우리에게 시계공이 1초의 시간에도 책임을 져야 한다는 말은 초에 무심했거나 소홀히 여긴 현대인들에게 일침을 가하는 따끔한 교훈이다.

오늘 성당 의자에 앉아 보낸 20분도 여간 아까운 시간이 아니다. 20분을 초로 환산하면 1,200초다. 개인에게는 1,200초지만 200명 신자를 곱하면 240,000초가 된다. 이걸 분으론 치면 4,000분이고, 시간으론 66시간 40분이 된다. 이 많은 시간을 우리는 가만히 앉아서 기다림으로 소비한 셈이다.

그렇더라도 오늘 피로에 지친 젊은 사제는 그 시간 동안 꿀잠으로 피로를 풀었다. 아깝지만 가끔은 누군가를 위해 금쪽같은 시간을 내어주는 것도 미덕이다.

사람이 살아가면서 가장 필요한 것은 시간을 잘 이용하는 일이다. 일할 때 일하고 쉴 때 쉴 줄 알아야 삶의 질이 향상된다. 무조건 시간의 노예가 되어 쉴 줄 모르는 이에겐 시간도 불행하다. 그래 보르헤스는 "시간은 자신을 이루는 본질"이라는 말을 남겼다.

어느덧 자정이다. 헤아릴 수 없이 적요하다. 이제부터 적요한 어둠의 품에 안겨 나는 적어도 여섯 시간 동안은 단잠에 빠질 것이다.

[계간수필 2017년 겨울호]

도시의 농부들

 지금은 칠월이다. 거실 유리창으로 들어오는 건너편 산은 오래전부터 터를 잡고 살아온 노송과 상수리나무 등이 뒤섞여 울창하다. 하지만 도로 아래 부영그룹에서 아파트 부지로 사놓은 공지엔 바람을 타고 날아와 뿌리를 내리고 새끼를 친 아까시나무와 갯버들, 그리고 수십 종의 풀들이 빼곡히 들어서서 광합성이란 에너지 획득을 위해 중구난방으로 키를 높이고 품을 넓혀 헐거운 구석이라곤 한 치도 없다.
 그러나 같은 땅에서도 사람의 손길이 닿은 농작물은 질서정연하게 자란다. 아파트 주민들이 부영그룹에서 사놓은 공터가 아깝다고 모여들어 만들어 놓은 농지는 전체 땅 3분지 1정도를 차지하고 있다. 농사를 짓는 이들은 주로 70대 노장들이다. 일찌감치 농촌에서 태어나 쌀 한 톨도 귀하게 여겨야 한다며 '농심'이 '천심'이란 말을 밥상머리에서 귀에 딱지가 지도록 들으며 자란 세대들이다.

처음 이곳에 밭을 일군 이는 17층에 사는 최 선생이다. 철도청에서 퇴직한 후 하고 많은 날을 아파트란 공간에 틀어박혀 사는 게 따분해 죽을 맛이라고 투덜거렸다. 그러던 어느 날 팔짱을 끼고 창밖을 내다보다 문득 부영그룹에서 놀리는 저 땅에 뭐라도 심으면 내 놀이터가 되겠구나 싶은 생각이 이맛전을 쳤다. 아내에게 심중을 털어놓자 아내도 시골 출신인지라 흙냄새가 그리웠다며 맞장구를 쳐 주었다. 내외는 그날로 농기계 상회를 찾아가 톱과 삽, 괭이와 호미를 사 들고 묵정지로 들어가 아까시나무와 갯버들을 베어내고 뿌리를 캐냈다. 오랜만에 노동으로 등짝이 축축하도록 땀을 쏟아가며 일주일간 꼬박 매달려 30여 평의 밭을 일구었다. 그리곤 퇴비를 구입해 밑거름을 듬뿍 질렀다.

4월 말쯤에 골을 만들고, 파와 상추와 양배추와 오이와 토마토 등을 심었다. 오이는 넝쿨 식물이라 섶을 만들어 주고 고추포기와 토마토엔 지주대도 대주었다. 푸성귀는 주인 내외의 잦은 발걸음 소리를 들으며 하루가 다르게 나붓나붓 자랐다.

시간이 지나면서 여기저기에서 아파트 창으로 내려다본 비슷한 또래들이 찾아와 통성명하면서 하나둘 모여들었다. 농촌 태생이 아닌 도시 출신까지 끼어들었다. 얼치기 농사꾼들이지만 서로 정보를 나누며 농지를 넓혀나갔다. 어떤 이는 열 평, 어떤 이는 스무 평, 어떤 이는 오십 평, 어떤 이는 서른 평, 이렇게 열댓 명이 3년 동안 일군 밭이 전체 땅 3분지 1을 차지했다.

밭의 경계는 땅을 일구며 나오는 잔돌을 모아 작은 둑을 쌓았다. 농작물은 주인의 선택에 따라 땅콩·고구마·고추·파·옥수수와 참외·수박까지 골고루 심었다. 모종은 한두 사람이 종묘 상회에서 한 판을 사 오면 서로 나누어 심었다. 고추와 토마토와 가지가 주렁주렁 열리고 밭가에 둘러심은 옥수수는 다홍색 수염이 나왔다. 퇴비와 농사용 비닐과 모종값과 쇠말뚝 등 농사짓는 데 들어가는 경비를 따져보면 사 먹는 것보다 덜 먹히는 것도 아니다. 하지만 내 손으로 가꾼 풋고추 맛은 마트에서 사는 것보다 훨씬 연하고 싱싱했다. 토마토 역시 햇볕을 충분하게 받아 붉게 익은 것 하나 즉석에서 따 손바닥으로 쓱쓱 문질러 한입 베어 물면 달콤하고 향기로운 맛에 저절로 입이 벌어졌다. 자신들이 짓는 농산물 맛은 로컬푸드 매장에서 사는 것과도 천양지차였다. 이들은 자연으로 형성되는 식물의 신선한 맛에 반하였다. 게다가 아침마다 부부가 함께 밭으로 나와 내 손으로 가꾸는 농산물과 눈을 맞추고 몸을 움직이는 것만으로도 본전을 뽑고도 남는다고 했다. 흙에서 자라는 생명의 가치에 반하여 도시의 농부들은 플러스 계산법을 애초부터 염두에 두지 않았다는 얘기다.

오늘은 고참 농사꾼이 된 최 선생이 수박 한 덩이를 따서 들고 왔다. 시장에서 사는 것 절반 정도지만 꼭지에서 배꼽까지 검은 줄이 선명했다. 손으로 두들겨 보고 딴 것이라는 말을 믿고, 쟁반에 올려놓고 칼날을 대고는 슬쩍 눌렀다. 순간 '쩍' 소리와 함께 반으로 갈라진 수박 속은 투명하게 붉었다. 검은 씨앗도 붉은 살 속에 가지런히 박혔다. 地心 天心 人心이 만들어 낸 수박 맛은 올여름 들어 먹어 본 것 중 최고였다.

필경 오늘 밤에도 밭둑에선 달맞이꽃이 환하게 피어날 게다. 아니 내일 아침엔 파란 애호박과 보랏빛 가지가 주인의 발자국 소리를 기다리고 있을 것이다.

[동양일보 2024년 7월]

구활노비문서

 충주시 중앙탑면 가곡로에는 오래전부터 알려진 고미술 거리가 있고, 그 중심에 한글박물관이 있다. 이 박물관을 설립한 김상석 관장은 20대부터 한글이 들어 있는 유물은 고서건 도자기건 기념품이건 무조건 사들였다. 부모님한테 물려받은 사재도 다 쏟아부었다. 50년 가까이 그렇게 사들인 유물이 국립한글박물관에 소장된 유물보다 두 배쯤은 더 많을 것이란 게 내 나름대로의 가늠이다.
 며칠 전, 팔봉서원에서 주최한 한글학회 세미나에 참석했다. 그날 참고 자료로 내준 열점의 유물 중에서 나의 시선을 끌었던 것은 『구활노비문서』였다. 언문흘림체로 "박사홰는 일찍이 남편이 죽자 의지할 곳이 없어 유리 기걸

하다가 딸 신묘생 쌍례 일구를 구활 노비로 방매함과 차후에 잡음이 생기면 관에 고해 바로잡을 것과, 후소생도 아울러 귀댁이 차지하여도 좋다."는 각서를 경자년 사월 초삼일(1780년 정조 4년)에 써 주었다.

조선 시대에 만들어진 '노비종모법' 제도는 어미가 노비면 자식도 어미의 신분을 따라 노비가 된다. 박사홰란 여인은 애초부터 가난한 천민으로 살다가 남편마저 죽자 굶주림을 견디지 못해 양반 집안에 딸을 노비로 팔아 기근을 면하고자 작성한 것으로 보인다. 특히 문서에서 유독 관심을 집중시킨 부분은 여인의 손을 종이에 대고 붓끝으로 손가락까지 그리고 손바닥 중심에 한문으로 써넣은 우장(右掌)이란 글자다. 예서체로 쓴 이 글씨는 구활 노비문서를 다룬 이가 쓴 것으로 보인다. 일테면 문서 끝에 인장 대신 손바닥 그림으로 사인을 받은 셈이다.

가난과 살고자 하는 본능은 어느 시대를 막론하고 인간을 잔인하고 비굴하게 만든다. 나는 일곱 살 때 6·25 전란을 겪었다. 1·4 후퇴로 피난길에 올랐을 때 아기를 낡은 옷가지로 둘둘 말아 얼어붙은 강가에 버린 장면도 보았고, 소아마비로 잘 걷지 못하는 아들을 떼어놓고 도망치는 가족들도 보았다. 우리도 해가 지면 굴뚝에서 연기 오르는 집을 찾아가 잠자리를 구걸했고, 주인의 허락이 떨어지면 엄마가 머리에 이고 다니던 보따리에서 미숫가루를 꺼내 물에 타 먹었다. 그렇게 나흘을 걸어 경상도 상주군 외남면에 딸린 작은 마을에서 방 한 칸을 얻어 3개월 동안 머물렀다. 북한군이 후퇴하고 연합군이 충주 지역을 지키고 있다는 소식을 듣고 1951년 4월 초에 고향으로 돌아왔으나 사랑채는 불타버리고 안채의 살림살이도 엉망이었다. 쌀 한 줌도 남아 있지 않은 폐허에서 우리 세 가족뿐만 아니라 피난지에서 돌아온 백성들은 눈물조차 메마른 가난이란 전쟁을 또 한 번 치렀다.

오늘 아침 조선일보 1면에 〈'핑크 타이드'가 부른 중남미 대탈출〉이라는 타이틀 아래 실린 멕시코와 베네수엘라 등지에서 탈출한 수백 명의 난민 사진 앞에서 한참 눈길을 떼지 못했다. 주로 젊은이들이 아내와 아이들을 데리고 캘리포니아 샌디에이고에 임시로 설치된 캠프 앞에 몰려 있는 모습이었다. 마치 그 옛날 우리의 피난민 행렬 같아서다. 등에 멘 배낭과 옷가지가 들어 있을 캐리어를 끌고 살길을 찾아 수백 리 길을 걸어 도착한 곳이라지만 그들의 미래는 암담해 보인다. 이미 남서부 국경을 넘어온 이주자들만 100만 명이 넘는다고 해외 통신이 보도한 바 있다. 미국 정부에서 이주민 수용을 거부한다면 이들은 다른 나라를 찾아 부랑해야 한다. 그런데 당장 해가 지면 잠잘 곳도 없고 먹을 것을 구걸할 건물 한 채도 보이지 않는다. 오직 임시로 설치된 캠프만이 유일한 출구다.

중남미 국가들은 원유와 철강석 등 천연자원이 풍부하다. 그럼에도 국민이 빈곤층으로 내몰린 건 정권을 잡은 이들의 부패와 정치적 불안정, 이를 가리기 위한 포퓰리즘식 재정 지출 때문이다. 전쟁도 아닌 단지 국가를 책임진 정치인들 잘못으로 국민을 난민으로 전락시켰다.

현재 한국에도 필리핀, 태국, 말레이시아, 베트남 등지에서 온 외국인 노동자들이 수만 명에 이른다. 산업 현장뿐만 아니라 농촌에서도 그들이 아니면 농사를 짓기 어렵다. 100년 전 조선의 젊은이들이 '아메리칸 드림'을 꿈꾸며 미국으로 건너가 사탕수수 농장에서, 전기도 들어오지 않고 수돗물도 나오지 않는 그 열악한 환경에서 생존을 유지했던 현상과 비슷하다.

국가를 책임진 정치 지도자들은 국가 장래를 먼저 생각해야 한다. 건전한 정당정치는 국가 발전의 초석이 될 수 있다. 그러나 현실은 그렇지 않다. 서로 자기들 주장만 관철하기 위해 억지를 부린다. 게다가 유튜브에선 밤낮으로 거짓 뉴스가 판을 친다. 도덕적 해이가 심각한 그들의 모습에서 자괴감을 느낀다. 이런 와중에서도 내년에 치를 국회의원 선거를 염두에 두고, 양쪽 진영에선 더 이상적인 복지국가로 만들겠다며 선심을 남발한다. 이거야말로 포퓰리즘이다. 코로나 팬데믹으로 기본 소득 정책과 같은 복지정책은 이미 도를 넘었다.

정치를 잘못하면 나라가 망한다. 나라가 망하면 국민은 궁지에 몰린다. 먹고 살길을 찾아 캘리포니아 샌디에이고 캠프 앞에서 줄을 선 난민들이 남의 일 같지 않게 여겨져 『구활노비문서』를 다시 들여다본다.

[수필과비평 2023년 7월호]

4

한 치 앞도 모르면서

나의 빈티지 가구

 나이 든 주부들은 손때 묻은 애장품 몇 점은 간직하고 있을 것이다. 일테면 나만의 클래식 가구 같은 것 말이다. 우리 집 침실 반대쪽으로 놓인 화초장과 나비장에 이어 호두나무로 된 서랍장을 클래식 가구로 친다면 미니멀하게 사는 젊은층에겐 웃음감이 될지 모른다.

 이 화초장과 나비장은 내 손으로 만든 나만의 작품이다. 하드보드지 4절을 모형대로 재단한 양지에 한지 다섯 겹을 밀가루 풀로 붙이고 말리는 과정은 장인정신이 아니면 중간에 때려치우기 십상일 터이다. 가장 어려운 건 풀 먹인 종이가 뒤틀리지 않도록 손보는 일이다. 풀 먹인 종이 위로 신문을 깔고 그 위에 백과사전은 물론 벽돌까지 주워다 올려놓고 말렸다. 그런 다음 원하는 모형대로 틀을 짜 완성되면 안팎으로 바탕색을 붙이고 각종 문양을 떠 올린다. 처음 작품은 반짇고리와 패물함이다. 작은 것으로 한지를 다루는 법을 익힌 다음 이 층짜리 화초장과 나비장을 완성하는 데 꼬박 3개월 걸렸다. 문양 뜨기에 매달리면 시간을 잊을 정도다.

한지공예는 럭셔리한 맛은 없지만, 전통의 고유함이 배어 있다. 디자인도 디자인이려니와 색깔이 튀지 않는다. 한지에 들이는 물감은 식물에서 채취한 것만을 쓴다. 식물에서만 오방정색과 오방간색을 만들 수 있기 때문이다.

우리 집 화초장에 들어간 바탕색은 엷은 치자색이다. 문향은 당초로 넣고, 아래위층 문고리 옆으로 태극 문양을 몇 개 넣었다. 30년을 훌쩍 넘어 갈색으로 짙어졌고 여기저기 얼룩도 생겼다. 옻칠 값이 비싸 들기름을 입히고 화학제품 리스를 발라준 탓이다. 나비장은 검은색을 바탕으로 삼고 양쪽 문짝은 벽돌색을 썼다. 그 위로 모란꽃과 나비 수십 마리를 붙이니 모란을 향해 날아드는 호

접들의 춤사위가 간드러진다. 이걸 어찌 구닥다리라고 버릴 수 있겠는가. 내게는 이 물건이 빈티지다.

내가 소장한 물건 중 가장 오래된 것은 수젓집이다. 내가 결혼할 때 치마저고리와 두루마기를 짓고 남은 자투리로 어머니께서 만들어 주신 것이다. 공단으로 만든 수젓집 끈 마구리엔 작은 괴불까지 달았다. 젊은 시절 바느질 삯으로 자식들 먹이고 키우던 어머니께서 시집가는 딸에게 당신 솜씨를 한껏 발휘한 마지막 선물이다. 아마도 어머니는 딸에게 입힐 옷을 다 지어놓고 수도 없이 손으로 쓰다듬으며 부디 잘 살라고, 모쪼록 아들딸 낳고 행복하게 잘 살라고 빌고 또 빌었을 테다. 수젓집도 마찬가지다. 은수저 두 벌을 넣으면서 병약한 내 딸, 부디 밥 잘 먹고 건강하게 잘 살아야 한다고 눈물겹도록 빌면서 담았을 터이다.

그다음 오래된 건 찻장이다. 원목으로 좀 묵직한 디자인으로 된 찻장은 발굽이 소담하고, 테두리에 양각으로 박은 놋쇠 문양도 담박하다. 3층으로 된 유리 칸마다 다기 수십 종이 내 손에 들어온 시간의 길이가 아득하다. 다기는 찻장보다 더 오래 묵었다. 크고 작은 찻잔과 숙우, 퇴수기도 빈티지에 속할 것이다. 모시로 만든 조각보 서너 점만 10년 조금 넘었다. 게다가 거실과 방에 그림을 여러 점 걸어놓고 본다. 그림도 벽에 걸어두지 않고 컴컴한 다용도실에 쌓아두면 이상하게 추해진다. 그림뿐만 아니라 가구도 방치하면 빨리 늙는다. 그것들도 외로움을 지독히 타는 모양이다.

가끔 그림이나 애장품을 보고 있으면 친정어머니는 잘 살아야 한다고 일러주시고, 『달의 서곡』에 휘호를 내려주신 고임순 선생님께선 잔병치레 그만하라며 눈을 흘기시는 것 같다. 김우종 선생님은 윤동주의 〈새로운 길〉로, 장지원 화백은 〈숨은 차원〉으로 나를 이끈다. 최종태 선생님의 〈소녀의 상〉은 날더러 평생 소녀로 살라고 하는 것 같아 빙그레 웃는다.

나만의 빈티지 작품들이 주는 위안이다.

[문학인신문 2025년 2월]

한 치 앞도 모르면서

토요일 저녁이었다. 팩에 얼린 마늘을 잘라 쓰려고 과도로 윗부분을 내려치는 순간 칼날이 튕겨지면서 왼손 장지와 검지 사이로 깊이 파고들었다.

검붉은 피가 솟구쳤다. 콜택시를 불러 종합병원 응급실로 달려가는 동안 수건 하나가 피로 젖었어도 멎지 않았다. 간호사가 살균제 두 병을 거푸 상처 부위에 들어붓고서야 피가 멎었다. 벌어진 상처를 봉합하기 위해 손가락 끝에 마취제를 투입시켰다. 손으로 연결된 신경을 나무토막처럼 마비시키고서야 세 바늘을 꿰맸다. 의사는 상처가 깊어 완전히 아물기까지 2주 정도 걸릴 것이라며 항생제와 소염진통제 나흘 치를 처방해 주었다.

불과 물로 가족들이 목숨을 잃었어도 하루도 사용하지 않고는 입으로 들어가는 음식을 만들 수 없다. 칼도 마찬가지다. 손에 상처를 낸 과도로 남편이 키위 하나를 까 주었다. 키위와 치즈 두 장으로 늦은 저녁 식사를 때웠으나 피부의 끈적거림을 씻을 수 없었다. 남편이 짜준 물수건으로 대충 닦는 것으로 마무리를 지었다.

사람은 이렇게 한 치 앞을 모르고 산다. 서울 시청역 역주행 가속 페달 사건으로 죽은 아홉 명의 젊은이도 마른 하늘에서 내려친 날벼락에 유명을 달리했다. 아침에 가족들과 웃으며 인사를 나누고 출근길에 올랐던 사람들이다. 퇴근길에 그들이 미친 듯 달려오는 차에 치이고 부딪혀 목숨을 잃었다. 거짓말처럼 들리는 참변에 가족들은 바닥에 주저앉아 통곡했고, TV 화면으로 끔찍한 참사를 지켜보는 시청자들도 예측할 수 없는 사고란 도처에 깔려 있다는 사실에 불안감을 떨치지 못했다.

나도 눈 깜짝할 사이에 손을 다쳐 붕대로 칭칭 감았으나 그들의 슬픔에 비하면 이깟 상처쯤은 아무것도 아니라고 자위했다. 하지만 마취가 풀려 밤새 욱신거리는 통증에 시달렸다. 그래도 살아서 다시 아침을 맞는 건 행운이고 축복이었다.

2주 동안 왼손 도움 없이 지내는 불편함을 겪으면서 수묵 크로키 화가 석창우 선생을 떠올렸다. 그는 명지대학 전기공학과 출신이다. 대학 졸업 후 전기기사로 취업했다. 결혼도 하고 자녀들도 둔 성실한 가장이 어느 날 기계를 점검하던 중에 2만2천9백 볼트에 감전되었다.

그는 1년 동안 열두 번 수술을 받았으나 두 팔을 절단했다. 두 팔을 잃은 그는 목이 말라도 물컵 하나 들 수 없었고, 화장실을 가고 싶어도 화장실 문은 물론 옷조차 내릴 수도 없었을 것이다. 오로지 아내가 곁에서 최소한의 기본은 맡아 주어야만 연명이 가능했음을 보지 않아도 뻔한 일이었다.

사람은 불구가 되었어도 산목숨은 살아야 하는 게 상정이다. 석창우란 남자도 살아남기 위해 의수(義手) 사용을 익혀나갔을 테다. 금속으로 만든 갈고리 모양의 손가락

놀림이 익숙해지자 그는 아이들 숙제로 내준 그림을 그린 게 마음에 들어 화실을 찾아갔다. 하지만 팔레트에 물감을 짜서 사용하는 일이 갈고리 손으론 번거로워 서예 교실로 자리를 옮긴 후 하루 열 시간씩 붓을 잡고 연습했다.

한 가지 일에 10년 동안 전념하면 프로가 된다. 프로라인으로 들어서자 글씨만으로 만족하지 않았다. 붓으로 인체 크로키란 새로운 분야에 도전했다. 그는 붓글씨를 쓰면서 붓 다루는 방법을 누구보다 잘 안다. 그는 대상에 포커스를 맞추었다 싶으면 일필휘지로 그려냈다. 피가 도는 손이 아닌 쇠로 된 갈고리로, 근육질의 젊은이들이 자전거 페달을 밟고 바람처럼 내달리는 사이클 경기와 빙판 위에서 펼치는 피겨스케이팅 선수들의 몸놀림에서 일어나는 생동감을 붓끝으로 살려냈다.

그가 크로키 화가로 명성을 얻게 되자 2011년 평창동계올림픽 실사단 앞에서도 퍼포먼스를 보여주었고, 2014년에는 소치동계올림픽 폐막식에서도 시연했다. 그리고 2024년 초 서울패션위크 런웨이에서 모델들이 그가 그린 올림픽 마크 오성기를 걸치고 워킹하는 장면을 인터넷에 올려 수많은 네티즌을 감동시켰다. 현재 그는 세계적인 화가로 초청 강의가 줄을 잇는다.

내 몸에도 칼자국이 여러 곳에 나 있다. 살아오는 동안 병고에 시달린 흔적들이다. 그중에서 가장 고통스러웠던 것은 척추 수술을 받았을 때였다. 척추는 집으로 치면 집 전체의 무게를 떠받치는 기둥에 속한다. 이 기둥 중간이 무너져 세 시간 동안 수술을 받고 회복실로 돌아와 닷새 동안 침대에서 똑바로 누워 지내야만 했다. 퇴원 후에도 한 달 동안 척추교정용 코르셋을 착용하고 지내면서 평생을 강철과 석고로 만든 틀에 몸을 맡기고 살아야 했던 프리다 칼로를 생각했다. 멕시코 태생인 그녀는 교통사고로 순식간에 척추와 골반과 다리뼈까지 으스러졌다. 몸을 가눌 수 없는 상태에서 그녀가 할 수 있는 일이란 그림 그리기였다. 아버지가 천장에 달아준 거울을 보고 자화상을 그리면서 세상과의 소통을 꿈꾸었고 마침내 그 꿈을 이루었으나, 그녀는 한순간도 고통에서 벗어날 수 없었다고 했다. 나는 척추 수술을 받고서야 칼로의 아픔을 직접적으로 들여다볼 수 있었다. 내가 아파보지 않으면 남의 아품은 어디까지나 피상적일 따름이다.

 사람은 살아가는 동안 수많은 일을 겪는다. 한 치 앞을 내다보지 못해 두 팔을 잃은 석창우 화백이나 프리다 칼로는 자신들에게 닥친 불행을 예술로 승화시켰다.

 어제 붕대를 풀고 실밥을 뽑았다. 그리고 오늘 더운물로 목욕하고 원고 마감에 쫓겨 책상 앞으로 돌아와 두 손으로 키보드 자판을 친다. 한 치 앞도 볼 줄 모르면서.

[한국문학인 2024년 가을호]

땅을 지키는 사람들

 한 달째 불면을 겪는다. 애써 잠이 들었다가도 새벽 다섯 시면 눈이 떠진다. 침대에서 일어나 팔짱을 끼고 창 앞에 서면 내가 응시하는 창밖의 모든 사물은 적요하고 창백하다. 정원의 마른 나뭇가지들이 그렇고 멀리 공단으로 뻗어나간 4차선 신작로를 밝히는 가로등 불빛도 마찬가지다. 항용 겨울 아침은 어둠 속에서 창백한 것들을 품고 적요한 시간을 견디어 낸 뒤에야 동편에서 해가 떠오른다.
 창 앞에서 물러나 다시 침대로 돌아오면서 니체가 한 말을 혼자 입속에 넣고 중얼거렸다.

"정치가가 아닌 사람들까지 정치를 염려하게 만드는 국가는 구조적으로 모순된 국가이다. 이런 국가는 다수를 좇는 정치가들 때문에 결국 몰락하게 된다."

12·3 계엄 사태 이후 경로당에 모인 노인들조차 이러다 국가가 몰락하는 건 아닌가 싶어 만나기만 하면 나라 걱정으로 입에 침이 마른다. TV만 켜면 탄핵소추니 특검법이니 하는 법적 용어들이 난무하는 걸 지켜보며 16세기 조선 시대에 사람들이 일으켰던 사색당파 싸움을 떠올렸다. 서로를 모함하고 제 당 지키기 위해 백성들은 안중에도 없었던 것처럼 여당과 야당, 보수와 진보란 정치적 구조에서 일어나는 사건들로 경제기반이 흔들리고 있다. 당장 환율이 치솟고, 주식값이 곤두박질쳤다. 외국인들이 투자한 국채 17조 원이 빠져나갔다는 소식에 가슴이 덜컥 내려앉았다. 엎치고 덮치듯이 무안비행장에서 일어난 비행기 추락사고로 179명이 사망했다. TV 화면을 통해 바퀴를 내리지 못한 기체가 빠른 속도로 내달리다 담벼락에 부딪치면서 불길이 치솟는 장면을 보며 불행은 쌍지팡이

를 짚고 온다던 속담을 떠올렸다. 피붙이를 잃은 유족들이 울부짖었고, 나라의 위신과 신뢰가 걷잡을 수 없이 추락하는 데도 여당 지지파와 야당 지지파들이 광화문과 서울시청과 대통령 관저 앞을 메우고 함성으로 대척하였다.

그들이 외치는 구호가 섬뜩하다. 인간에 대한 모독을 서슴없이 내뱉는다. 언제부터인가 모임에 나가서는 정치에 관한 건 입 밖에 내지 못한다. 내가 지지하는 편이 아니면 비정하다 싶을 정도로 등을 돌리고 비난을 퍼붓기 때문이다. 한국전쟁 때도 자기편이 아니면 반동분자였고, 빨갱이라고 지칭했었다. 서로 눈치를 보면서 수군거리며 증오를 키우고 모함을 일삼아 서로를 죽음으로 몰고 가던 과거의 상흔이 되살아나 잠을 이룰 수 없었다.

나라를 위기로 몰고 가는 건 외세의 침략이 아니라 내부에서 일으키는 분열이다. 더구나 내가 현존하고 있는 21세기는 디지털 통신을 이용하여 내가 옹호하는 편이 아니면 악플로 신경전을 벌인다. 예서 더 놀라운 건 양극 간의 지지층을 이용해 조회 수를 늘려 돈을 벌려는 유튜버들의 행태다. 되도록 인간의 감정을 강도 높게 자극할 시나리오를 만들어 퍼트리는 소셜미디어의 효과는 파급적이다. 진실이 오도되고 진리를 배반하는 알고리즘으로 진정한 민주주의가 침해를 받고 있다.

이런저런 생각에 사로잡혀 잠을 이루지 못했지만, 새벽 여섯 시면 쓰레기 분리 수거차가 아파트 정문으로 들어와 음식물 통을 비우고, 여덟 시가 조금 넘으면 아파트 담장 밑으로 난 지름길을 따라 학교로 향하는 학생들의 모습은 여느 때와 다름없었다. 지하 주차장의 차들도 출근 시간을 맞추기 위해 썰물처럼 빠져나갔다가 저녁이면 다시 밀물져 공간을 채웠다. 그들이 눈물겹도록 고마웠다.

어제는 답답한 심사를 달래볼 요량으로 차를 끌고 고향엘 다녀왔다. 두부모처럼 반듯하게 정리된 농지가 생산의 고달픔을 멈추고 농민들과 함께 쉼의 시간에 들어 있는 풍경이 더없이 평화로웠다. 다시 차를 끌고 더 안쪽으로 들어가니 그곳에선 대형 덤프트럭 두 대가 흙을 실어다 부려놓자 포클레인이 달려들어 논바닥에 골고루 펴는 작업으로 기계음이 왕왕거리며 들녘을 메우고 있었다.

차에서 내려 보니 초등학교 2년 후배였다. 그는 인문계

고등학교를 졸업하고 조상들이 물려준 땅을 고스란히 지켜온 착실한 농사꾼이다. 그는 나름대로 경제에 밝아 논을 밭으로 바꾸어 양배추와 브로콜리를 심어 재미를 본 터였다. 이번엔 아예 논을 다 밭으로 메워 특수작물을 심어 볼 요량이라는 말에 나는 노동으로 거칠어진 그의 손을 잡고 잘 생각했다고 인사를 건넸다. 양배추와 브로콜리는 2모작이 가능하다. 고구마 농사도 손이 많이 가지 않고 수입이 괜찮은 작물이다.

후배 K는 아들만 형제를 두었다. 그중 큰아들은 농협 직원으로 근무하는데 퇴직하면 아버지 뒤를 이어 농사를 지을 것이라고 자랑했다. 둘째는 시청 공무원이다. 아들 형제가 제 가솔을 데리고 오순도순 살아가는 모습을 보람으로 여기는 그의 소박한 행복이 불안한 심사를 거두어냈다. 정치가 네 쪽으로 갈라지건 말건 그들은 봄이 오면 개토한 밭에 고랑을 만들 것이다. 그리곤 겨울 동안 키운 양배추와 브로콜리 어린 모를 흙에다 옮겨 심을 것이다.

어느 시대이건 희망은 보통 사람들이 살아가는 삶의 현장에서 피어난다.

솔로 에이저의 유감

나는 8·15광복 전해에 태어났다. 베이비부머 전 세대인 셈인데 이때까지만 해도 어느 가정에서건 자녀들을 보통 육칠 남매씩 낳았다. 위로 할아버지 할머니, 아버지와 어머니까지 열 명이 넘는 대가족이 한 집안에서 법석구니를 떨며 지냈다. 그래도 그걸 불편하게 여기지 않았다. 밥상머리 교육과 어른을 공경하는 예절도 자연스럽게 의식에 스며들었고, 그 자식들이 성인이 되어 한국경제 기반을 닦는데 크게 기여했다.

그러나 1960년 후반부터 시작된 '산아제한' 운동이 40년 가까이 이어지는 동안 인구가 급속도로 줄어들었다.

면 소재지 농협마트에 어린이 분유와 기저귀가 사라져도 정부는 물론 어느 기관에서도 전혀 신경을 쓰지 않았다. 핵가족은 진즉에 이루어졌고, 마침내 인구 감소로 국가 존망이 위태로울 지경에 이르렀다. 뒤늦게 '베이비 붐'을 일으켜 정부에서 출산휴가를 대폭 늘리고 출산 비용까지 대준다고 하지만 얼마만큼 효과를 거둘지는 미지수다. 요즘 젊은이들은 가족이란 구성 자체를 부담스러워하기 때문이다.

조카딸은 아들만 하나를 두었으나 아들은 결혼할 뜻이 전혀 없다고 한다. 결혼하는 날부터 여자 비위를 맞추며 가족이란 짐을 지고 싶지 않다는 게 결혼을 거부하는 이유다. 대학을 졸업하고 석사와 박사과정에서 만난 여성들과 몇 번 사귀어 보았지만 하나같이 이기적이고 공주님처럼 대접받기만을 요구하는 게 눈꼴시어 혼자 살기로 작심했다는 것이다. 또 인간은 어차피 단독적인 존재라며 가족들을 위해 부모님처럼 손발이 닳도록 희생해도 늙으면 요양원으로 들어가기 마련이라며, 그럴 바에는 차라리 '솔로 에이저'로 품위 있게 '나' 하고 싶은 일을 찾아 즐기며 살고 싶다고 한다. 어미는 이 잘난 아들 때문에 섭섭해 죽을상이다.

요즘 이런 젊은이들이 늘어나는 추세다. 따지고 보면 손자뻘 되는 청년도 교제했던 여성들 못잖게 이기적이다. 진정으로 한 여자를 사랑한다면 사랑하는 사람을 위해 여자가 원하는 것쯤 친절하게 들어주다 보면 여자도 미안한 걸 알게 될 것이고, 자신도 사랑하는 사람을 위해 무엇인가를 해 줄 마음이 생기는 것이 인지상정이다. 한데 손자도 왜 내가 먼저 굽실거리며 비위를 맞추어야 하느냐는 주장은 자존심의 집착이고 지독한 나르시시즘이다. 자기애에 사로잡혀 상대를 내 안으로 안아 들일 마음이 추호도 없다는 얘기다.

게다가 이런 젊은이들의 사고를 부추기는 곳이 침묵 카페와 와인 카페. '대화 금지'란 카페와 술집이 전국 곳곳에 생기면서 젊은이들이 홀로 사는 자유로움을 즐기도록 유인한다. 손자도 침묵 카페 고객이다. 주 5일 동안 연구실에 박혀 지내다가 주말이면 느지막이 일어나 편의점에서 사 온 샌드위치나 김밥으로 아침을 때우고 어슬렁거리며 침묵 카페를 찾아간다. 그는 술과 담배는 입에 대지 않는 대신 커피 마니아다. '대화 금지' 방으로 들어갈 때는 입구에 마련된 금고에 휴대폰을 자진해 넣어야 한단다. 노트북도 태블릿도 사용금지란다. 입장료는 시간에 따라 차이가 있다. 1만 원을 내고 두 시간 정도 침묵 속에서 명상에 들거나 음악을 듣고 있으면 중간에 드립 커피 한잔을 서비스로 먹을 수 있다고 한다. 손자는 1만 5천 원을 내고 다섯 시간을 침묵의 공간으로 들어가 혼자 책을 읽거나 눈을 감고 명상에 잠기곤 하는데 일주일 동안 몸에 밴 피로와 스트레스가 싹 풀린다고 한다. 신종 기기에서 벗어난 고요한 정적 속에서 나를 찾아가는 호젓한 시간으로 잠행을 즐기는 40대 남성의 모습이 신화 속의 나르시스를 연상시킨다.

이렇게 손자는 양(陽)으로만 존재한다. 지상의 모든 생명체는 음과 양으로 나누어져 있다. 과학에서도 양극과 음극이 아니면 어떤 물질도 작용하지 못한다. 지금 내 손 안에 들어 있는 마우스도 플러스와 마이너스 표시가 된 두 개의 건전지가 들어 있어 내가 원하는 데로 화살표가 작동하면서 글쓰기를 돕고 있다. 하물며 남자와 여자가 만나 가정을 이루고 자식을 낳는 건 자연의 질서다. 그런데 손자 녀석은 자연의 질서를 거역하고 있다.

[문학인신문 2024년 8월]

조용히 저물어가기 위하여

 생물이건 무생물이건 시간이 흐르면 쇠해지기 마련이다. 이런 변화는 순환의 질서일 테다. 올해로 들어와 사물에서 일어나는 소리들이 귀에 닿지 않는다. 특히 TV 시청이 어렵다. 뉴스를 전하는 앵커의 말소리는 물론 드라마에 나오는 배역들의 대화도 알아들을 수 없다. 모든 소리가 웅얼거림처럼 들린다.

 정초에 코로나에 걸려 한 달 정도 앓고 난 끝에 밤낮으로 이명이 이어지면서 시작된 증상이다. 갑자기 언어의 출구가 막혀버린 단절감에 황당했고, 한동안 우울증을 앓았다. 결국 이비인후과를 찾아가 전문의 진단을 받고 보청기를 맞추었다. 하지만 금속으로 된 배터리 알이 작아 갈아 끼울 적마다 애를 먹는다. 그뿐만 아니라 녹두알 만 한 배터리를 통해 전달되는 음향은 자연의 소리가 아니 다. 그게 마뜩잖아 보청기를 착용하지 않고 주일 미사에 참석하면 신부님 강론은 물론 전례를 보는 사람의 말을 한마디도 알아듣지 못한다. 허수아비처럼 자리만 차지하 다가 돌아온다. 성당에서 뿐만이 아니다. 모임에 나갔을 때도 마찬가지다.

그런 날에는 '내가 앞으로 어떻게 처신해야 하는가'에 대한 문제를 안고 고심한다. 이성적으론 생로병사는 자연 스러운 현상이라는 걸 인정하면서도 정작 닥치고 보면 일 상생활에서 부딪히는 불편함이 한둘이 아니다. 세상과 소 통하기 위해 보청기를 신주단지처럼 모시는 일도 그러하 거니와 눈 건조증으로 1회용 점안액을 하루 두 번 이상 넣 어주는 것도 그러하다. 내 몸을 위해 어미가 자식 기르듯 공을 들인다는 게 난센스다. 그러나 어쩌랴. 목숨이 붙어 있는 날까지는 나로부터 개별화시킬 수도 없는 것이 육체 인 것을.

오늘 아침에 쓰레기 분리수거장에 버려진 쿠쿠 압력밥솥을 보았다. 오랫동안 주인이 선택한 모드에 따라 따끈한 밥은 물론 찜까지 알맞게 익혀 대령하던 충복이 더는 밥솥으로 기능을 수행하지 못하자 주인으로부터 가차 없이 버림을 당했다. 간밤에 비바람이 들이쳐 빗물에 얼룩진 희끄무레한 압력솥 몸통은 볼썽사나웠다. 쿠쿠란 라벨를 달고 주인집으로 들어가 헌신한 날들의 공적은 무화되었다. 가족 누구도 쿠쿠 압력밥솥과의 결별을 아쉬워하지 않았을 것이다.

수명이 다된 물건은 폐기 처분하는 것이 당연한 그 당위성에 시비를 걸 일은 아니다. 다만 버려진 밥솥이, 가족들과 분리되어 치매 병동에서 죽음만치도 못한 목숨을 이어가고 있는 알츠하이머 환자들 모습과 겹쳐 보이는 내 눈과 생각이 문제일 터이다. 치매 병동 환자들도 자식들이 원하는 모드에 맞춰 평생을 헌신했을 터이다. 그들은 지금 한 방울의 눈물조차 흘릴 줄도 모른다. 몸속에 깃들던 온전한 정신이 빠져나가고 망령이 자리를 잡고 들어앉아 인간의 존엄성을 망가뜨리고 있다.

내 몸도 80년을 사용했다. 만료(滿了)가 가까워 업데이트를 수시로 해 보았지만, 사대육신 성한 곳이 없다. 게다가 해마로 연결되는 신경세포 생산량이 떨어져 글을 쓸 때 자주 문장이 막히고 인용할 책 제목과 작가 이름이 떠오르지 않아 막막함을 겪는다. 그렇다고 나를 버릴 수도 없다. 인지능력이 나를 의식하고 내 의지대로 몸을 움직일 수 있을 때까지 인간으로서의 존엄성을 지켜야 한다. 하느님께서 점지하고 부모님께서 낳아준 귀한 생명이다. 낡았다고, 귀가 어두워져 언어의 출구가 막혔다고 쿠쿠 압력밥솥처럼 폐기 처분할 물건은 아니다.

그래도 한쪽 문이 닫히면 다른 쪽문이 열리는 이치를 믿는다. 닫힌 문을 여는 건 나의 몫이다. 먼저, 살아오는 동안에 맺었던 인연과 행사들을 줄여나가고 있다. 문학공모 심사며 크고 작은 문학 행사와 지인들의 애경사에 나이듦을 구실로 양해를 구하고 뒤로 물러나니 빠듯하던 일상이 헐거워졌다.

일상이 헐거워지니 닫힌 문이 저절로 열렸다. 열린 공간에는 묵상할 수 있는 시간과 독서할 수 있는 시간이 방

안에 가득 고여 있다. 팔십 고개를 넘고서야 나답게 살아갈 수 있는 시간이 주어진 셈이다. 기억에 남아 있는 어지러웠던 편린들도 지웠다. 되도록 단순하게 살기로 작정하고 늙어감은 죽음으로 진행되는 과정이란 사실을 수용하고부터 하루하루가 충일하다.

창밖으로 시선을 돌린다. 어느덧 체로금풍(體露金風) 시절도 지나가고 환지본처(還至本處)로 돌아간 나목의 가지들이 저물어가는 햇살을 받아 땅에 야윈 그림자를 내린다.

빛과 그림자의 깔끔한 구도가 나를 향해 일갈한다. 조용하게 저물어가려면 네 안에 머무는 것들을 간소하게 줄여야 한다고, 그래야 저물어가는 모습이 단정할 수 있다고 일침을 놓는다. 곧 땅거미가 지면 사물들의 그림자가 지워지고 가로등에 불이 들어올 것이다.

[창작산맥 2024년 겨울호]

외로운 귀향

　불교에선 '나(我)'라는 본성은 마음이라고 이른다. 그러나 마음이란 바람의 성질과 같아서 실체는 보이지 않는다. 바람이 꽃가지를 흔들기도 하고, 꽃가지를 분질러 놓는 것으로 자신의 정체를 보여주듯이 마음도 자신의 실상을 행동으로 나타낸다. 따뜻한 미소와 정다운 말로 누군가에게 위로와 행복감을 안겨주기도 하고, 냉소적인 말로 상대방에게 치명적인 상처를 주기도 한다. 기분이 좋을 땐 콧노래를 부르는가 하면 책 읽기를 원하면 그가 원하는 책을 선택해 읽는다. 지금 내 책상 위에는 로버트 그린이 쓴 『인간 본성의 법칙』이 놓여 있다.

나의 마음이 몸과 일치를 이루는 때는 주로 책을 읽거나 글을 쓸 때다. 이땐 단짝으로 붙어 있지만, 그렇지 않을 땐 몸에게 일을 시켜 놓고 마음은 저 혼자 몸 밖으로 빠져나간다. 바닷가를 찾아가기도 하고, 인사동 골목에 있는 화랑을 기웃거리기도 한다. 가슴이 답답하다 싶을 땐 에르미타주 박물관으로 달려가 렘브란트 작품 〈돌아온 탕자〉를 보고 오는가 하면, 바티칸의 성 베드로 대성당을 찾아가 미켈란젤로의 조각 〈피에타〉 앞에서 성호를 긋기도 한다. 이렇게 마음이란 먹기에 따라서 수만 리 길도 단숨에 다녀온다. 그런데 이런 행위를 '마음'이 시켜서 하는 것인지 정신이 시켜서 하는 것인지 나는 오래전부터 답을 궁구했으나 아직도 확신을 얻지 못하고 있다.

 지난여름이다. 착실한 기독교 신자였던 선배가 주일날 교회에서 예배를 마치고 나오다가 쓰러졌다. 병원으로 실려 갔으나 골든타임을 놓친 뒤라 뇌사상태로 6개월 동안 병실에서 지냈다. 처음 응급실을 거쳐 중환자실로 옮겨갔을 때까지만 해도 가족들이 안타까워 울고불고했으나 삼 개월이 지나자 문병객들도 시나브로 줄어들고 환자는 간

병인 손에 맡겨졌다.

　나는 가끔씩 선배를 찾아가곤 했는데 그때마다 영혼이란 문제를 놓고 고민했다. 감각도 의식도 모르는 선배의 육신 어디에서도 영혼의 기운은 느낄 수 없었기 때문이다. 선배는 평소 하느님을 지극하게 공경하였을 뿐만 아니라 어진 아내였고, 자애로운 어머니였다. 어려운 이웃들을 늘 애정으로 돌봐주었으니 하느님이 보시기에 흠잡을 데 없는 딸이었다. 그런데 선배는 산소 호흡기에 의지하여 겨우 숨만 쉬고 있을 뿐이었다. 선배의 영혼은 육신이 쓰러지는 순간에 몸을 버리고 승천한 것은 아닌가 싶었다. 하지만 목숨이 끊어진 상태도 아닌데 어떻게 몸을 버리고 영혼만 떠날 수 있는가에 대한 의문은 선배를 보고 나올 적마다 나의 발걸음을 무겁게 했다. 신앙은 진리의 근원이고 보이지 않는 하느님을 절대자로 섬기었던 종교가 뿌리째 흔들렸다. 선배는 후배의 이러한 갈등도 모르는 채 세상으로부터 아득하게 떨어진 섬처럼 하얀 시트에 홀로 떠 있다가 뼈와 가죽만 남은 몰골이 되고서야 숨을 거두었다.

몇 해 전까지만 해도 산촌 사람들은 사람이 죽으면 초혼(招魂)을 불렀다. 고인이 입었던 옷가지를 들고 지붕 위로 올라가 북향을 향하여 '복'을 세 번 외쳐 고인의 몸에서 빠져나가는 영혼을 불러들였다. 그리곤 서둘러 사잣밥을 지어 고인의 영혼을 데리고 갈 사자(使者)가 섭섭지 않도록 대접했고, 망자가 신고 갈 신발은 사잣밥 옆에다 가지런히 내놓았다. 저승에 가서 입을 옷가지들과 애장품은 장례를 모시는 날에 불태워 영혼에게 들려 보내는 의식을 치렀다.

하지만 아무도 영혼이 죽은 자의 몸으로 돌아오는 모습은 보지 못했으나 산 사람들은 이런 의식을 통해 영혼이 기쁘게 떠나갔을 것이라고 믿었다.

이렇게 영혼은 육안으론 볼 수 없으나 보이는 것 이상 신성한 존재로 인식되었다. 때문에 '나'를 지칭하는 마음, 혹은 정신이란 단어는 동의어로 쓰였다. 아울러 감성적 성향이 짙은 마음은 가슴에 있고, 이성을 관장하는 정신은 머리에 속한다고 믿었으며, 영혼은 신앙적인 차원에서 불멸성을 지향하는 지고한 의미로 간주되었다. 그래 사람은 죽으면 육신은 사라지지만 영혼은 새로운 곳, 천국으로 올라가거나 다른 몸으로 환생하여 새로운 생을 누린다고 믿었고, 종교에 따라서 장례 의식도 다르게 거행되었다.

그러나 『사물의 본성에 관하여』의 저자인 루크레티우스는 "영혼은 극히 섬세한 원자로 이루어졌으며, 육체에 머물면서 육체와 더불어 동일하게 고통을 겪고 감각하지만, 육체가 죽으면 영혼이란 원자적 구조도 따라서 사멸한다."라는 학설을 폈다. 이렇게 되면 부활이니 영생이니 윤회니 하는 종교적 차원에서 주장하는 사후 세계에 대한 인간들의 믿음은 허황된 꿈에 지나지 않을 것이다. 어이없게도 가톨릭 신자인 나도 선배가 가사 상태로 누워 있는 모습을 보면서 루크레티우스의 학설에 적잖이 흔들렸다. 숨만 쉬고 정신도 영혼도 사라진 선배는 시체나 다름없었기 때문이다. 그리고 나의 삶을 주관하는 것이 영혼인지 마음인지 정신인지 애매하고 모호한 의문은 여전히 미궁이다. 언제쯤 신앙은 영혼의 구원이고 자아 완성이라는 확신을 갖게 될까.

오늘도 나의 마음은 돌아가신 어머니 산소 언저리에서 바장거리다가 돌아왔다. 추위에 떨고 돌아온 마음을 위해 〈외로운 귀향〉이라는 제목을 달아 시 한 편 지었다.

봄이 빙점 언저리를 밟고
동네 어귀로 들어선
자정이 넘은 지도 한참
몸 밖에서 떠돌던 네가
비로소 돌아와 앉는구나.
얼마나 오랜 방황이었더냐?
저를 외롭게 버려둔
외도의 긴 세월.

책이 있는 풍경

　서재 청향당은 본채에서 동쪽으로 조금 떨어져 있다. 처음 서재로 쓰던 방바닥 구들이 책의 무게를 견디지 못하고 내려앉는 바람에 후원 옆 대나무 숲 앞으로 터를 닦아 별도로 건물을 앉혔다.

　건물은 일자형이다. 데크를 거쳐 방 안으로 들어서면 뒷벽 가운데에 화선지 길이만큼 창을 내어 대나무 숲이 한눈에 들어온다. 앞 벽은 출입문과 통창을 내어 방안에서도 앞산과 마주 볼 수 있도록 안배했다. 나머지 공간은 책으로 채웠다. 20대부터 사들인 책이 일만 권 가까이 되어 책꽂이는 제재소에서 목질이 단단한 나왕목을 켜 와서

앞뒤로 책을 꽂도록 제작했다.

청향당은 문명의 기기라곤 천장에 달린 형광등과 찻물 끓일 때 쓰는 전기주전자뿐이다. 한쪽으론 소나무로 만든 차탁을 놓고, 그 위론 목이 긴 청자 매병과 『조선 회화 전집』을 올려놓았다. 책의 크기가 워낙 커 책꽂이에 들어갈 자리가 없어서다. 그중에는 추사 선생 글씨만 모은 것이 두 권이나 된다. 이건 귀한 자료라 소중하게 다루지 않을 수 없어 각별히 신경을 쓴다. 방 가운데론 차를 마실 때 쓰이는 다구와 분청다기 한 벌 조촐히 갖추었다.

서재로 들어갈 때는 스마트폰도 가져가지 않는다. 세상사는 물론 사람들과도 말을 섞고 싶지 않아서다. 게다가 서재가 대숲에 포근하게 들어앉은 풍광도 좋거니와 울 밖으로 큰 개울이 있어 방안에서도 여울이 큰 돌과 작은 돌 사이에서 초서체로 출렁거리는 음향 또한 놓치고 싶지 않다. 예서 더하여 바람이 일면 대나무 잎사귀들이 쓸리며 내는 나지막한 울림과 추녀 끝에서 들려오는 풍경의 맑은 공명은 머릿속에서 바글거리던 잡념을 일순에 걷어낸다. 관여 맹난자 선생이 당호를 '청향당(聽香堂)'이라고 지어준 것도 기왕이면 들리는 소리만 들을 게 아니라 소리의 향기도 놓치지 말았으면 해서였다.

지금은 소한 무렵이다. 산이 깊어 한 번 구름이 몰려오면 사나흘씩 머문다. 며칠 전에 눈이 내렸으니 지금쯤 지붕 선을 타고 고드름이 줄지어 매달려 있을 것이다. 종유석처럼 매달린 고드름이 청향당 추녀로 햇살이 기웃거릴 양이면 여기저기에서 산산조각으로 형체를 부순다. 그 파격적인 음향은 매우 전위적이다.

지난해 가을, 우리 내외는 도시 아파트로 보금자리를 옮겼다. 붉은 기와를 얹고 밝은 베이지색 벽채와 고풍스러운 아치형 창문이 달린 집과, 서재를 두고 떠난다는 건 눈물겨운 일이다. 하지만 척추 수술 이후 산촌 생활은 무리라는 걸 알고 용기를 내어 정리한 것이었다. 그때 끌어안고 온 책이 1천여 권이다. 그 이외엔 문단 후배들과 책을 필요로 하는 사람들에게 나눠주었고, 또 이사 올 사람도 책을 그냥 두고 가길 원해 5천 권 정도를 책장과 함께 넘겨주었다. 그러나 오랜 세월 손때 묻고 내 숨결이 밴 책과의 결별로 한동안 우울증을 앓았다.

이곳에선 서재가 따로 없다. 거실 한쪽 벽을 책으로 채우고 나머지는 두 개의 방으로 분산시켰다. 먼저 책이 있는 분위기를 살리기 위해 거실 앞 벽엔 전통매듭으로 만든 작품 두 점만 걸었다. 밑으론 텔레비전 받침대가 놓이고, 양쪽으로 백자 소형 항아리와 청자 다완, 그리고 궁중자수로 놓은 신사임당 초충도 액자가 놓였다. 거실 소파도 가죽이 아닌 고동색 원목으로 제작된 것으로 구입하였다. 그리고 나무의 딱딱한 질감을 커버하기 위해 무명천으로 방석 네 개를 도톰하게 누벼 깔았다. 커튼 역시 무명천에 야생화 수를 간결하게 놓아 달았다. 현대와 옛것의 어울림이 그런대로 내 안목에 찬다.

신도시로 이사를 온 후 1년 동안 나는 책 읽는 것을 소일거리로 삼았다. 2년째 코로나블루로 타인과의 왕래가 끊기고부터는 저마다 개체로 존재할 수밖에 없는 유폐된 상황을 독서를 위한 호재로 삼았던 것이다.

지난해에도 적잖이 책을 사들였다. 초봄에 에이모 토울스가 쓴 『모스코바의 신사』와 한동일의 『라틴어 수업』, 승효상의 『묵상』 외에도 10여 권을 더 구입했다.

최근엔 헤르만 헤세의 『유리알유희』, 강우방 선생의 『미술과 역사 사이에서』, 법정 스님 『오두막 편지』를 다시 읽었다. 좋은 책은 영원한 고전이다. 읽을 적마다 영혼이 정화되고, 사유의 폭이 넓어질 뿐만 아니라 삶의 에너지로도 작용한다. 따라서 늙음으로 자존감을 훼손시키지 않도록 나름의 재량으로 마음 다스리는 방법도 모색한다.

나는 오늘도 책 둥지에 들어앉아 글을 쓰고 있다. 지난 1년 동안 월간지며 계간지는 물론 작가들의 단행본이 산더미를 이루었다. 책장에 더 꽂을 자리가 없어 나의 방안은 책상과 침대만 제외하고 뺑 둘러 책이 쌓여 있으니 책 둥지라 해도 과언은 아닐성 싶다. 따라서 책 둥지에서 글자를 파먹는 한 마리 좀 벌레로 산다는 건 행복한 일이다.

[수필 오디세이 2022년 특집 작가의 글방]

필연, 그 아름다운 음역(音域)

『점은 생명이다』를 출간하고 에세이스트에서 제정한 제8회 정경문학상을 수상했다. 사실 그 상은 내가 문단 후배들에게 양보했어야 할 상이었다. 그럼에도 주저하지 않고 아주 기쁜 마음으로 상을 받았다. 그건 정경 선생과 나와의 우정 어린 선물로 받아들이고 싶어서였다. 부상으로 받은 상금 1백만 원은 가정형편이 어려운 학생의 대학 등록금으로 내놓을 것을 밝혔고, 1년 후에 3백만 원을 더 보태어 수상식에서 한 약속을 지켰다.

그날, 수상식을 마치고 돌아오는 차 안에서 나는 정경 선생이 충청도 산간 수렛골로 기별도 없이 불쑥 찾아왔던 날을 떠올렸다. 그가 성주 참외 한 박스를 안고 마당으로 들어선 것은 산그늘이 내리는 저녁 답이었다. 도무지 믿기지 않는 상황이었다. 돌연한 방문객 앞에서 말문이 막혀 어리둥절 서 있는 내게 그녀가 먼저 말문을 터 주었다.

"뭐하노, 사람 무안케, 그냥 당신이 보고파 왔제."

우리가 사용하는 언어 중에 '보고 싶단' 표현은 매우 구체적이다. 화살촉처럼 곧바로 심장에 꽂히기 때문이다. 누가 먼저랄 것도 없이 우린 저간의 안부 따윈 거두절미하고 서로 부둥켜안고 한참을 가만히 서 있었다. 귓불에 닿는 따뜻한 숨결에서 나는 반가움과 고마움을 동시에 느꼈다.

정경 선생은 남편과 사별한 후 스키를 배웠다. 자녀도 없이 홀로 살아내야 할 미래에 대한 불안감과, 독약처럼 전신으로 퍼지는 뼈저린 외로움은 내성이 강했다. 이런 것을 견제하기 위해선 새로운 변화가 필요했다. 여행과 글쓰기에 매달렸어도 명절 때면 홀로라는 고독감이 끈질

기게 그를 괴롭혔다. 그래 시작한 게 스키였다.

50대 후반에 발을 들여놓은 스키장은 신선한 무대였다. 그의 표현대로 백설로 다져진 스키장은 '거만한 얼음의 칼날' 같았으나 시리도록 빛나는 스키장 설경에 매료되었다. 그곳에서 죽을 각오로 스키 타는 법을 익힌 그는 섣달그믐이면 주행코스가 비교적 긴 용평스키장을 주로 이용했다. 매번 중부에서 영동고속도로로 올라서면 전화를 걸었다. 잘 있느냐고 묻는 장난기 어린 안부가 늘 심금을 때렸다. 나는 돌아갈 때라도 우리 집에 들러 하룻밤 묵어가길 청하곤 했는데, 그는 가족들끼리 모이는 설 명절에 객이 끼인다는 건 말이 안 된다며 단호히 거절했다.

나는 그런 배려가 도리어 서운했다. 가족끼리 보편적으로 누리는 단란함 밖으로 밀려나 홀로 칼바람을 맞으며 스키를 메고 리프트를 타러 올라가는 모습이 안쓰러워서였다. 이런 나의 속내와는 달리 그는 강인했다. 정상으로 올라가 폴을 잡고 보드를 힘차게 밀며 아래로 내달릴 때의 빠른 속도감에서 느끼는 짜릿한 스릴은 칼바람도 명절의 쓸쓸함도 아니 자신의 존재감마저 잊는다고 거꾸로 나를 달래었다. 하지만, 나에겐 그가 광활한 눈밭에서 길 잃은 한 마리 순록처럼 여겨졌고, 섣달그믐이면 연민으로 속을 끓이곤 했다. 그랬던 사람이 해거름에 참외 한 박스를 사서 택시에 싣고 성큼 마당으로 들어선 것이었다.

정경 선생은 성품이 괄괄한 편이다. 그러면서도 사려 깊고 책임감이 투철했으며 인문학 실력도 상당히 갖추었다. 때문에 나보다 7년 나중에 등단했지만 "뒤에 난 뿔이 우뚝하다"라는 속담을 여지없이 입증시켰다.

그의 작품은 서사와 서정이 적당하게 조화를 이루었다. 지식인들의 스노비즘적인 감성의 유희가 아닌 생이란 실존에서 경험한 것들을 진중한 의식을 거쳐 발현시켰다. 이렇게 정제된 작품들은 독자들과 평론가들의 시선을 단기간에 집중시켰다. 특히 기행수필 『라지스탄의 밤하늘』은 출간되자 곧바로 독자들로부터 대단한 반응을 일으켰다.

그는 작품만 잘 쓰는 게 아니라 인맥을 잇는 데도 유능했다. 잘 나가는 문단 원로와 평론가들과의 교류도 빈번하였다. 그게 때론 오해 아닌 오해를 불러일으켜 상처를 받기도 했었다.

내가 그와 막역한 사이로 가까워질 수 있었던 건 서너 번 문단 행사 뒤풀이에서 술값을 반 추렴한 것 때문이었을 것으로 추정한다. 그는 어딜 가든 지갑을 열어 인심을 베풀었지만, 더러는 염치없이 받기만 하는 원로들이 조금은 민망해 했다. 해서 슬쩍 반 추렴을 제안했던 것이 점차 속내를 털어놓을 수 있는 사이로 진전하였다.

당시 정경 선생은 김종완 선생에 대한 믿음이 각별했다. 천재 시인 이상 못잖은 인물로 평가하였고, 선생이 지닌 학문적인 재능을 수필문학을 위해 기여할 수 있도록 발판을 마련해주고 싶어 했다.

마침내 그는 부산에서 서울로 올라오면 숙소로 사용하던 종로에 있는 월드오피스텔을 사무실로 오픈시키고《에세이스트》창간을 서둘렀다. 문단 가두리에서 자신의 실력을 제대로 발휘하지 못했던 김종완 선생은 이로써 물 만난 대어가 되었다. 열네 평 공간에서 먹고 자고 눈만 뜨면 최고의 수필집을 만들기 위해 공을 들였고, 공들인 만큼 에세이스트는 빠르게 성장 궤도에 안정적으로 진입했다.

그날 밤 우린 이슥하도록 잔디밭에 놓인 바위에 걸터앉아 앞산 능선 위로 자욱하게 흘러가는 은하수와 하늘 가득 떠 있는 별을 올려다보았다. 사위는 그럴 수 없이 고요했고, 그는 별을 올려다보면서 라지스탄 사막에서 본 밤하늘의 별들을 상기하면서 여행담을 풀어 놓았다. 나중엔 가까운 지인에게 받은 상처로 인한 분노가 잘 다스려지지 않아 괴롭다는 근래의 심정까지 털어놓았다.

다음 날 그는 아침 식사를 마치고 산책에서 돌아와 떠날 채비를 서둘렀다. 터미널에서 부산행 차표를 끊어주고 버스가 떠날 때 손을 흔들어 준 게 마지막 인사가 될 줄은 정녕 예기치 못했다.

올해로 《에세이스트》는 지령 100호를 낸다. 실로 대견하다. 잡지 100호를 이끌어 온 김 대표를 보면 '과골삼천(踝骨三穿)'으로 유명한 다산 선생을 생각하게 된다. 선생께서 강진 유배 20년 동안 저술에 몰두하여 방바닥에 닿은 복사뼈가 세 번이나 구멍이 났다고 한다. 김종완 대표 역시 16년 동안 의자가 아닌 앉은뱅이책상 앞에 앉아서 원고를 쓰고 교정을 보았더라면 필경 두 번 정도는 구멍이 났을 것이다. 자나 깨나 앉으나 서나 오로지 《에세이스트》만을 위해 존재했기 때문이다.

오늘도 인슐린 주사액을 주사기에 뽑아 옆구리에 주입시키고 책상 앞에 앉아 강의 자료를 준비하거나 작품평을 쓰고 있을 것이다. 그런 와중에서도 자신에게 발판을 마련해준 정경 선생을 기리기 위해 제정한 문학상이 13회를 맞이했고 잡지는 100호에 이르렀다. 100호에 이르는 동안 수백 명의 걸출한 작가들을 배출시켰으니 정경 선생이 살아 있다면 걸걸한 목소리로 한 마디 일갈했을 것이다.

"거 보래이. 김종완이란 사람 천재적 두뇌를 소유한 인물이라 안 캤나. 표지 디자인이며 편집이며 완벽하제."

이 두 사람은 필연으로 만나 아름다운 공동의 음역(音域)을 이루어냈다.

[에세이스트 2020년 100호 기념]

세밑이 돌아오면

　세밑이다. 설을 앞두면 백석의 시 〈여우난 곬족〉를 떠올리게 된다. 명절이면 백석은 진할머니와 진할아버지가 계시는 큰집으로 가 하루에 베 한 필을 짠다는 신리 고모와 고모의 딸 이녀를 만나고, 배나무 접을 잘 붙이는 삼촌과 삼촌의 어매와 사촌누이와 동생들이 그득히들 모이면 명절 비슴으로 입고 온 새 옷 냄새가 난다고 했다.

　내가 이 시를 세밑이면 한 번씩 떠올리는 건 시 속의 인물과 음식이 바로 내가 유년 시절에 맛본 음식들이고 우리의 모습이 들어 있어서이다.

　우린 아버지가 일찍 돌아가셨기 때문에 명절 아침이면

어머니가 먼저 제사상을 차려 아버지 제사를 지내게 한 다음 시오리 밖 큰댁으로 보냈다. 바느질 솜씨 좋은 엄마 덕에 금박으로 끝동을 단 설비슴을 단정하게 차려입고 양손에 두 오빠 손을 잡고 지장실 고개를 넘었다. 그리곤 큰댁 문 안으로 들어가면 큰아버지 내외분과 아버지뻘 되는 장손 내외와, 나와 동갑인 사촌 병호와, 두 살 아래인 조카 영기, 영매와 영옥이 동생, 영삼이와 그 아래 동생들을 만날 수 있었다.

명절은 아이들뿐만 아니라 어른들도 떨어져 있던 형제들과 만날 수 있는 좋은 기회다. 때문에 음식 장만하는 데 돈을 아끼지 않았다. 마을에서 돌부리로 잡은 돼지 뒷다리 하나를 통째로 사들였다. 큰엄마와 올케들은 놋으로 된 제기를 내다 닦았고, 수수엿을 고와 볶은 콩과 쌀을 튀겨 강정을 만들었다. 이걸 항아리에 차곡차곡 넣을 때 강정이 붙지 않도록 볶은 콩가루를 뿌리면 고소한 냄새가 항아리 안에 가득 고였다. 우린 그걸 주전부리로 삼았다.

설날 차례를 모시고 제사상을 물리고 나면 먼저 큰아버지 내외분께 세배드렸다. 그다음 종손인 오빠께도 세배드리고 나면 아침상을 받았다. 이때 아이들은 따로 한 방으로 몰아넣고 두레상을 폈다. 상에는 동치미와 노란 콩가루가 묻은 인절미와 약과와 다식과 식혜와 떡국이 앞앞이 놓였다.

아침 식사를 마치면 아이들은 둘러앉아 손수건 돌리기를 했다. 윤석중 선생이 지은 〈낮에 나온 반달〉에 맞추어 손뼉을 치며 노래를 부르는데 가사가 끝났을 때 손수건을 손에 들고 있는 사람이 술래가 된다. 이때 벌칙을 먹이는 갖가지 묘기가 여간 재미있지 않았다.

지금은 예전의 세시풍속은 사라지고 스마트한 세상이 열렸다. 종부라고 해서 사대봉사를 받드는 집도 별로 없거니와 젊은이들은 연휴가 길면 미리 성묘하는 것으로 제사를 대신하고 해외로 여행을 떠난다. 우리 내외도 늙어 삼대가 한자리에 모인다. 시댁에선 맏동서가 돌아가신 후 제사 모실 사람이 없어 막내인 우리 내외가 할아버지 내외분과 시아버지 내외분을 절로 모셨으나 허전하기 그지없다. 4형제 자손이 한자리에 모이면 20명이 넘으련만 저마다 시숙들이 돌아가시니 각자 집에서 제 부모 제사 모시는 일로 한자리에 모일 기회가 없어졌다.

 나도 명절 음식을 장만하려면 사나흘은 바지런을 떨어야 한다. 설에 만둣국에는 나박김치가 어울리니 나박김치만 담아도 하루가 걸린다. 그다음 만두소에 들어갈 재료로 김치와 온갖 야채를 다지고 고기를 볶는 것만으로도 또 하루가 저문다. 수정과와 식혜를 만들고 대여섯 가지 전을 부치다 보면 설 전날 저녁엔 녹초가 된다. 그래도 조상님 잘 모시고 자식들에게 어미 손맛을 보이고 돌아갈 때 빈손으로 보내지 않고 음식 보따리를 들려 보내는 게 어미의 즐거움이다.

 올 설에도 며칠 동안은 두 아들 가족과 친정집 손자들까지 몰려와 백석의 〈여우난곬족〉처럼 법석을 떨 것이다. 이게 바로 사람이 사람답게 살아가는 즐거움이고 사는 맛일 게다.

[동양일보 2025년 2월]

김애자의 수필 세계

마음을 움직이는 힘, 그 미학

유한근

문학평론가 · 전 SCAU교수

마음을 움직이는 힘, 그 미학

유한근

　수필집 『달의 서곡』 『숨은 측』 『수렛골에서 띄우는 편지』 『젊은 생명이다』 『봄, 기다리다』 등으로 신곡문학상, 현대수필문학상, 김우종문학상, 김태길문학상을 수상한 김애자 작가의 수필은 작가의 독창적인 시선에 의해 관찰한 세계를 내면에서 청국장처럼 발효시켜 개성적인 언어로 형상화한 예술작품으로 평가받고 있다.

　특히 수필집 "『숨은 측』은 (수필이) 우리에게 어디에 무엇으로 존재할 것인가가 아니라 어떻게 존재할 것인가에 대한 고민을 해결하는 것이 올바른 삶임을 일러 준다. 수필이란 어떤 가치를 지니는 문학 양식인가, 수필이 어떻게 존재해야 하는가의 의문을 풀어주는 문학의 숨은 측이 되기에 충분한 책"(이방주의 서평)이라는 평가를 받고 있다. 이 말이 함의하고 있는 것은 김애자 수필은 문학으로서 수필의 절대적 가치와 그 미적 존재성을 입증해주는 작품이라는 평가를 내포하는 것으로 보아도 좋을 것이다.

이런 맥락에서 김애자 수필을 관통하고 있는 미적 존재를 탐색해보는데 선행되어야 할 국면은 무엇을 말하는가보다는 어떻게 말하고자 하는가의 문제인 김애자 수필의 표현구조의 특징부터 살펴야 할 것이다. 이는 후학들의 표상적인 지침이 될 것이기 때문이다.

1. 에토스 미학-변별적인 표현의 미적 구조

수필의 화자는 작가 자신이다. 이에 따라 시점(point of view)은 일인칭 서술이거나 아니면 일인칭 관찰자 서술이 고작이다. 그것은 누구도 부정할 수 없는 사실로 수필의 주인공인 작가 자신이며, 그 작가 주위를 벗어날 수 없기 때문이다. 수필에서 '나'라는 일인칭 주어를 '그' '그녀'라는 삼인칭으로 대체하는 경우는 자신의 이야기를 객관화시키기 위한 미적 장치이다. 그러나 남편을 '그'나 '그이'

라는 대명사로 지칭하는 것은 오묘한 느낌을 갖게 한다.

그 하나의 예가 김애자 수필 〈하현달 아래서〉이다. "그이는 하현달 아래서 생의 층계를 내려가고 있다. 희미한 그림자를 앞세우고 천천히 가벼운 걸음으로 내려가고 있다. 가장으로서의 책임, 직장이란 조직에서 성과 비율에 따른 경쟁과 갈등에서 벗어난 지 25년이다."라는 감성적인 문체와 이지적인 문체를 나란히 놓아 묘한 느낌 주는 이 수필의 서두 부분을 읽으면 한 인간을 객관적으로 탐색해보려는, 아니면 정년퇴임하고 25년이 된 남편으로서가 아닌 한 인간, 그 대상을 객관적으로 탐색해 보려는 의미를 인지하게 된다. 이러한 의도는 탐색 대상이고 사유 대상인 남편에 대한 사유를 정당화하기 위한 창작 태도 때문일 것이다. 어쩌면 자신의 이야기를 한 편의 진실 해명을 위한 허구적인 미학장치로 설정하려는 의도일 수도 있을 것이다.

그 무방한 세월이 그를 달관시켰다. 어제와 그제, 그리고 오늘과 내일이 별반 다르지 않다. 굴곡 없는 수평적인 일상의 연속이지만 그는 높은 것과 낮은 것의 차이란 결국엔 아무 것도 아니란 것을 안다. 부자란 개념도 현재 내가 가진 것보다 더 원하지 않으면 평온한 삶을 유지할 수 있다는 것을 가을 산에서 나뭇잎 떨어지는 걸 보고 깨달았다고 한다.

 가을이 깊어지면 나무들은 열매와 잎을 모조리 땅으로 내려 보낸다. 다 털어버리고 가벼워져야 폭설과 삭풍에 다치지 않음을 스스로 알기 때문이다.

 사람이 살아가는 일도 이와 다르지 않다. 지독한 유물론자로 혹은 대의명분을 내세워 정치판에서 내로라하는 권력을 지키기 위해 한 생을 소모했어도 죽음 앞에선 새 한 마리 목숨보다 낫지 않다. 날숨과 들숨이 멈추면 생전에 누렸던 권력과 명예, 재산도 쓰임이 없어진다. 그걸 거머잡고 놓치지 않으려고 폭설과 삭풍에 수없이 매를 맞으며 고달프게 살아왔을 뿐이다.

-<하현달 아래서> 중에서

위의 인용문에서도 볼 수 있듯이 직장 생활 속의 경쟁

과 갈등을 견디어 온 남편의 삶을 '무방한 세월의 달관'으로 인식하고 있는 점과 "사람이 살아가는 일도 이와 다르지 않다. 지독한 유물론자로 혹은 대의명분을 내세워 정치판에서 내로라하는 권력을 지키기 위해 한 생을 소모했어도 죽음 앞에선 새 한 마리 목숨보다 낫지 않다"는 인식의 문제로 보아 이 수필은 다분히 로고스(Logos)적인 수필이다. 그러나 위의 "가을이 깊어지면 나무들은 열매와 잎을 모조리 땅으로 내려보낸다. 다 털어버리고 가벼워져야 폭설과 삭풍에 다치지 않음을 스스로 알기 때문"이라는 비유적인 문장을 보면 감각적이고 파토스(Pathos)적인 부분이 없지 않다. 따라서 이 수필 〈하현달 아래서〉만으로 김애자 수필문장의 특징은 단정할 수는 없지만, 이성적이고 감성적인 두 성향을 조화롭게 구사하고 있다는 점에서 수필문체의 하나의 모범을 보여준다.

아리스토텔레스는 설득의 세 요소로 로고스, 파토스, 에토스를 『수사학』에서 말하면서 대중을 설득시키는 힘을 이 세 요소 모두 가능하지만, 가장 강력한 설득의 힘을 마지막 요소인 에토스(Ethos)로 보았다. 이를 문학의 설득력으로 대입할 때 에토스는 인품, 인간적 매력, 카리스마, 성질 그리고 신뢰성을 바탕으로 한 가장 인간적인 수필일 것이다. 에토스는 로고스와 파토스를 잘 조화롭게 이루고 있을 때 가능해지는 성향일 것이다. 그 성향을 필자는 위에 예시한 〈하현달 아래서〉에서 발견된다. 특히 이 수필의 결말 부분에서 서술되고 있는 80평생 서민으로 아내인 주부로, 남편인 그는 축산사업에 기여해 오며 안분지족하고 "해마다 섣달그믐날 밤이면 캔 맥주 두 개를 따들고 건배를 하면서 행복리스트를 점검"하며, '매일 감사하기' '매일 만족하며 살기' '내가 가진 것 조금 덜 쓰고 나누기' '운동 꾸준히 하기' '서로 자기주장 내세우지 않기'로 정해 놓고 실천의 성과를 조율"하며 산다. 또한 "사람은 생물학적으로 육체가 노쇠해지면 지나간 날들을 그리워하게" 되고, "할 일 없이 적막한 일상에 갇히면 궁핍으로 얼룩졌어도, 배신과 화해의 경계에서 골머리를 앓게 했던 사건들마저도 그리움으로 윤색"되는 경험을 하면서 사는 것이 다수의 사람들의 삶이다.

그러나 작가의 경우, "아내가 타준 커피를 마시는 그는 늙은 아내가 눈부처"고 "아내 역시 남편이 눈부처"라는 인식은 에토스적인 삶의 일단을 표현한 문장이다. 또한 "그가 없으면 무슨 재미로 삼시세끼 밥상을 차리겠는가"는 작가의 주부로서 일상의 모습, 그리고 "하현달 아래서 눈부처를 믿고 마음 내키는 대로 인생의 뜰을 거니는 천진한 지구의 소요인(逍遙人)"인 남편에 대한 인식도 곧 작가가 에토스적인 성향의 작가이며 그러한 품격으로 독자를 설득시키는 작가임을 보여주는 문장이기도 하다.

수필 〈그 해 겨울, 그리고 소년〉은 제목만 보면 감각적인 서정수필로 보인다. 그러나 겨울의 구학산중 옹색한 요사채 뒷방에서 "거대한 어둠과 적막의 무게"을 "내면에서 울려오는 독백들"로 견뎌야 하는 그 시간 속에 만났던 암자의 부처와 소년들의 이야기를 서정적으로 그리고 내적 깨달음의 적요로움으로 그리고 있어 작가의 에토스적 성향을 탐색하게 된다.

이 수필의 서두는 이렇게 시작된다. "구학산은 산세가 우람하고 골이 깊다. 1963년 나는 그 산의 중턱에 옹색하게 들어앉은 요사채 뒷방에서 겨울을 보냈다. 대전 문창동에 있는 메디칼센터에서 처방해 준 결핵약을 싸들고 산으로 잠적한 건 62년 4월이다. (…) 2월로 접어들었으니 10개월을 암자에서 보낸 셈이다"가 그것으로 지금으로부터 60여 년 전 이야기이다. 그때의 이야기를 작가는 지금처럼 생생하게 그린다. "산중의 겨울은 유독 춥고 해가 짧았다. 어둠의 시간이 길었고, 긴 만큼 적막도 깊었다. 그때 숨어 있던 고통이 나에게 들려준 건 인내가 아니었다. 저 깊은 밤의 고요함과 쓸쓸함을 자신을 위한 시간으로 만들어 보라는 권고였다. 그러지 않고선 이 광활한 우주를 집어삼킨 거대한 어둠과 적막의 무게를 무슨 수로 감당할 것이며, 폐에서 토해 놓은 고통의 흔적을 네 홀로 어찌 감당해 낼 수 있겠냐며 채근했던 것이다"라고. 그때의 외적 풍경과 심리적 풍경을 감각적으로 그리고 사유적으로 그린다. 절벽과도 같은 우울도 "밤이면 밖으로 나와 하늘을 올려다보면 어둠이 짙을수록 별빛은 명징하게 빛났고, 은하수 언저리를 둘러싸고 있는 성운은 안개처럼 자욱하였다. 그런 걸 볼 적마다 손으로 만질 수 없는 것들은 하나같이 아름답다고 생각했다. 품을 수 없는 것일수록 더 애틋하고 소중한 것과도 같았다"는 인식은 섬세한 감각과 사유없이는 가능하기 않은 인식의 표현이다. 이러한 인식이 암자의 아홉 살 먹은 소년과 소녀, 그리고 보살 등을 만나면서 그 인식이 구체화된다. "처음 산으로 들어왔을 땐 밤마다 손수건으로 입을 틀어막고 울었"던 이 수필의 서정적 자아가, "소년이 치는 목탁소리와 염불이 죽비가 되어 (…) 가방 속에 감추어 두었던 약병을 꺼내 들고 계곡으로 내려가 물과 숲을 향해 알약 50알을 모두 던져 버"리게 했다.

산중의 겨울은 평화로웠다. 아이들은 노농에 시달리지 않아서 좋았고, 두 아이가 눈을 뭉쳐 들고 눈싸움을 하면서 산골짜기가 울리도록 깔깔대는 모습은 나를 행복하게 해 주었다. 집에서 보내주는 하숙비로 절집 식구들이 양식 걱정을 하지 않는 것 또한 다행한 일이었다.

나는 육체의 고통이 내게 들려주었던 지혜서대로 적막 속에 들어 있는 자유를 아꼈고, 산중의 밤을 사랑했으며, 산과 골짜기를 홀로 건너가는 달과 헤아릴 수 없는 별들을 사랑했다. 창문에 덧댄 문풍지가 밤바람에 파르르 공명하는 것도, 뒷산에서 들려오는 소나무의 그윽한 울림까지 놓치고 싶지 않았다.

인간이란 완전히 개체다. 가족이 있어도 육체의 고통이나 죽음은 오로지 혼자만이 겪는 일인칭의 존재다. 나는 일인칭의 존재로 자연의 큰 품으로 들어가 자연의 순리에 나를 맡기고 적막한 자유를 명상과 책읽기로 이용했다. 사촌 오빠와 올케처럼 결핵균에게 살과 피를 다 먹혀 가죽만 붙은 참혹한 몰골로 죽어나가지 않았다.

-<그 해 겨울, 그리고 소년> 결말 부분

위의 인용문처럼 작가는 굳이 산중 절집에서의 깨달음을 애써 이야기하지 않는다. 평화로운 산중. 걱정 없는 하숙비. 적막 속의 자유. 명상과 책 읽기, 산중 풍경. 그리고 키르케고르의 단독자 사상인 인간이라는 존재에 대한 독립적인 인식과 이겨낸 결핵균 이야기만 있을 뿐 불교 교리에 대한 것이 없다. 그것이 오히려 불교의 깊은 사유를 환기하게 한다. 결말 부분의 "시간은 태어나고 사라지는 것들을 껴안고 흘러간다. 그 유구한 흐름을 타고 나는 강 하류에 정박했다."라는 비유적 표현에 의미를 더해주고, "내 옷자락을 손가락으로 거머쥐고 잠들었던 소년도 독학으로 예불과 기존의 상식을 터득하고 20세에 암자에서 뛰쳐나와 양산 통도사로 들어갔다. 타고난 손재주와 성실한 성품을 인정받아 강원의 강사 선생으로부터 사랑을 독차지했고, 그분의 문하생으로 10여 년간 수학하고 돌아와 절을 키우고 주지로 안착했다."는 소년 이야기와 "그동안 살아보니 행복과 불행, 실과 득, 내면과 외면, 밝음과 어둠이란 상대성 원리로 함께 돌아가는 거대한 순환의 구조는 임계점을 같이했다. 다만 자신이 만든 프로그램의 변수에 따라 결과와 삶의 가치가 달랐다. 이제는 묵상만을 위한 시간이 필요할 때이다."라고 아포리즘적인 언어의 의미에 무게를 더해준다.

2. 파토스 미학-삶의 본질와 인간 본체를 탐구 환기

김애자 수필에서 간과할 수 없는 감성적인 작품은 〈조

용히 저물어가기 위하여〉〈저녁 한때를 소요하다〉〈가을비 내리는 날에〉 등이다. 이 수필을 관통하는 요소는 가을과 저녁이라는 시간의 서정이다. 가을은 한 계절의 후반부이고, 저녁은 하루의 후반부이다. 인생으로 보면 중년 이후이다, 수필의 나이이다. 수필 쓰기에 좋은 나이 혹은 시간인 셈이다. 진한 감성과 깊은 사유를 더해 주는 시간대이다.

〈조용히 저물어가기 위하여〉는 세수가 80이 된 작가의 정서와 사유를 일상성의 사물로 비유한 수필이다. 이 수필을 서두만 읽어도 주제가 암시된 수필이기 때문이지만, 그 디테일을 읽는 묘미가 재미있어 간과할 수 없다. "생물이건 무생물이건 시간이 흐르면 퇴락해지기 마련이다. 이런 변화는 순환의 질서일 테다./ 올해로 들어와 사물에서 일어나는 소리들이 귀에 닿지 않는다. 특히 TV시청이 어렵다."에서 귀가 어두워지는 노년의 삶의 일단을 재미있게 그려준다, 이명 증상까지. 그리고 감기 기운과 우울증을 겪게 되는 일상에 대해서 작가는 "결국 이비인후과를 찾아가 전문의 진단을 받고 보청기를 맞추었다. 하지만 금속으로 된 배터리 알이 작아 갈아 끼울 적마다 애를 먹는다. 그뿐만 아니라 녹두알만한 배터리를 통해 전달되는 음향은 자연의 소리가 아니다. 그게 마뜩잖아 보청기를 착용하지 않고 주일 미사에 참석하면 신부님 강론은 물론 전례를 보는 사람의 말 한 마디도 알아듣지 못한다. 허수아비처럼 자리만 차지하다가 돌아온다. 성당에서 뿐만이 아니다. 모임에 불려 나갔을 때에도 마찬가지다. /그런 날에는 '내가 앞으로 어떻게 처신을 해야 하는가에 대한 문제를 안고 고심한다."는 디테일한 토로로 작가의 진정성과 진솔성을 엿보게 하여 지나칠 수 없다.

오늘 아침에 쓰레기 분리수거장에 버려진 쿠쿠 압력밥솥을 보았다. 오랫동안 주인이 선택한 모드에 따라 따끈한 밥은 물론 찜까지 알맞게 익혀 대령하던 충복이 더 이상 밥솥으로 기능을 수행하지 못하자 주인으로부터 가차 없이 버림을 당했다. 간밤에 비바람이 들이쳐 빗물에 얼룩진 희끄무레한 압력솥 몸통은 볼썽사나웠다. 쿠쿠란 라베를 달고 주인집으로 들어가 헌신한 날들의 공적은 무화되었다. 가족 누구도 쿠쿠 압력밥솥과의 결별을 아쉬워하지 않았을 것이다.

  수명이 다된 물건은 폐기처분하는 것이 당연한 그 당위성에 시비를 걸 일은 아니다. 다만 버려진 밥솥이, 가족들과 분리되어 치매병동에서 죽음만치도 못한 목숨을 이어가고 있는 알츠하이머 환자들 모습과 겹쳐 보이는 내 눈과 생각이 문제일 터이다. 치매병동 환자들도 자식들이 원하는 모드에 맞춰 평생을 헌신한 아비와 어미들이다. 그들은 지금 한 방울의 눈물조차 흘릴 줄도 모른다. 몸속에 깃들던 온전한 정신이 빠져나가고 망령이 자리를 잡고 들어앉아 인간의 존엄성을 망가뜨리고 있다.
                            -<조용히 저물어가기 위하여> 중에서

재미있다. 제 기능을 다 하지 못하는 밥솥에 대한 표현들이 재미있고 여유 있다. 그러나 위의 치매 병동의 환자 이야기를 할 때는 서글픈 마음도 든다. 밥솥과 치매병동의 환자 이야기를 하면서 작가는 "내 눈과 생각이 문제일 터이다. 치매병동 환자들도 자식들이 원하는 모드에 맞춰 평생을 헌신한 아비와 어미들이다. 그들은 지금 한 방울의 눈물조차 흘릴 줄도 모른다. 몸속에 깃들던 온전한 정신이 빠져나가고 망령이 자리를 잡고 들어앉아 인간의 존엄성을 망가뜨리고 있다"는 인간에 대한 연민과 이해는 이 여유 있는 아포리즘에 감동하게 한다. 더욱이 "내 몸도 80년을 사용했다. 만료(滿了)가 가까워 업데이트를 수시로 해 보았지만 사대육신 성한 곳이 없다. 게다가 해마로 연결되는 신경세포 생산량이 떨어져 글을 쓸 때 자주 문장이 막히고 인용할 책 제목과 작가 이름이 떠오르지 않아 막막함을 겪는다. 그렇다고 나를 버릴 수도 없다. 인지능력이 나를 의식하고 내 의지대로 몸을 움직일 수 있을 때까지 인간으로서의 존엄성을 지켜야 한다. 하느님께서 점지하고 부모님께서 낳아준 귀한 생명이다. 낡았다고, 귀가 어두워져 언어의 출구가 막혔다고 쿠쿠 압력밥솥처럼 폐기처분할 물건은 아니다."라는 진솔한 토로는 작가 자신에게는 아픈 구석이지만, 노년에 닥친 시간의 시련을 극복한 모습으로 보여 작가의 여유로움을 느끼게 한다.

 그러나 이에 그치지 않고 작가는 자신의 정체성에 대한

사유를 더 깊이 한다. "한쪽 문이 닫히면 다른 쪽문이 열리는 이치를 믿는다. 하지만 닫힌 문을 여는 건 나의 몫이다. (…) 일상이 헐거워지니 닫힌 문이 저절로 열렸다. 열린 공간에는 묵상할 수 있는 시간과 독서할 수 있는 시간이 방안에 가득 고여 있다. 팔십 고개를 넘고서야 나답게 살아갈 수 있는 시간이 주어진 셈이다. 기억에 남아 있는 어지러웠던 편린들도 지웠다. 가능한 단순하게 살기로 작정하고 늙어 감은 죽음으로 진행되는 과정이란 사실을 수용하고부터 하루하루가 충일하다"가 그것이다. 그리고 마지막 단락의 "창밖으로 시선을 돌린다. 어느덧 체로금풍(體露金風) 시절도 지나가고 환지본처(還至本處)로 돌아간 나목의 가지들이 저물어가는 햇살을 받아 땅에 야윈 그림자를 내린다. 빛과 그림자의 깔끔한 구도가 나를 향해 일갈한다. 조용하게 저물어가려면 네 안에 머무는 것들을 간소하게 줄여야 한다고, 그래야 저물어가는 모습이 단정할 수 있다고 일침을 놓는다. 곧 땅거미가 지면 사물들의 그림자가 지워지고 가로등에 불이 들어올 것이다."라는 마무리 문장에서는 이지적인 문장과 정서의 감각적 문장

표현이 혼합되어 조화로운 문장 형태를 보여주고 있어 정서 표현의 극대화를 보여준다.

수필 〈저녁 한때를 소요하다〉는 "나는 11월을 좋아한다. 11월은 가을에서 겨울로 넘어가는 경계선에 놓인 징검돌이다"로 서두를 시작하며 11월의 서정과 자연의 이치를 반추한다. "그야말로 일엽지추(一葉知秋)다. 떠날 때를 스스로 알고 돌아가는 잎들의 소연한 귀의가 아름답고도 쓸쓸하다. 현자들은 이런 현상을 두고 우주의 질서라 하였다"가 그것이다. 11월의 시간적 개념을 은유적으로 표현하고 있지만 그 다음 문장에서는 구체적으로 표현해주고 있어 정서적 감동을 배가시킨다.

그 구체적인 문장이 "오후 여섯 시면 산책을 나선다. 저녁 답이래야 인적이 끊긴다. 소슬한 바람결에 벚나무 잎 하나가 툭 어깨를 친다."이다. 그리고 "처서 지난 지 한 달이 넘었으니 탄소 동화작업을 멈추었을 테다. 그렇다고 저 혼자 먼저 떨어지는 건 순리를 어기는 짓이다. 필경 떨켜도 만들지 못하고 떨어져 나왔을 테다. 먼저와 나중이란 순서를 어기는 불상사는 인간사에만 있는 게 아니다.

지구 중력에 속한 생물들은 모두 저마다 돌아가는 사연이 분분(紛紛)하다."처럼 자연 현상을 관념언어와 감성언어로 혼합시켜 서정적으로 표현하며 사유한다.

그러나 후반부에 이르러 감성적인 문장을 잊지 않는다. "작은 새가 날아간 가지에 홍싯빛 노을이 내린다. 아니 숲 전체가 노을에 안긴다. 지금 숲에 내리는 노을은 무위한 현상이다. 태양의 빛이 자전하는 지구의 모퉁이에서 어둠을 만나기 직전에 잠시 일으키는 빛의 파장일 따름이다. 이 짧은 빛의 파장 속에 내가 홀로 안겨 자연의 섭리에 순응하는 것들을 지켜보고 있다"고 다분히 파토스적으로 표현한다. 하지만 결말 부분에서는 "생은 저물고 육신은 노쇠해졌다. 이 또한 자연의 섭리임을 어찌 따르지 않겠는가. 하여 나는 저물녘에 숲길을 소요할 수 있음을 소중히 여긴다. 홀로 소요하며 박새와의 짧은 만남, 어깨를 툭 치고 땅으로 가볍게 내려앉는 벚나무 한 잎의 그 깔끔한 소멸을 저녁 선물로 품에 안고 일어선다"고 아포리즘적인 사유의 언어에 감각적 표현을 잊지 않고 표현한다.

수필 〈가을비 내리는 날에〉는 "가을에는 막연히 길을

나서고 싶어진다. 이마에 스치는 소슬한 바람결에 몸을 맡기고 목적지 없이 훌쩍 떠나서 오래 된 사원이나 절터로 찾아가면 서늘한 비애가 달려든다."로 서두를 시작하는 것으로 보아 가을 여행의 서정과 사유를 쓴 수필로 보인다.

이 수필에서 주목되는 정서는 '서늘한 비애'이다. 그 "달려드는 비애를 품고 보랏빛 쑥부쟁이나 산국 몇 송이 손에 따들고 가을 냄새를 맡으면서 사위어가는 풀숲을 헤치고 안으로 들어서면 늙은 사마귀나 여치, 메뚜기 등을 만나게" 되는 가을 속으로 작가는 들어간다. 그 가을 속에서 작가는 그들을 애잔하게 느낀다. 그 이유는 "작은 생명에게 주어진 한철이란 시간은 짧다. 열매 맺고 새끼치고 그 소임이 끝나면 죽음을 맞"기 때문이다. 그러나 작가는 "소멸의 질서는 아름답다"고 사유한다. 소멸의 "질서가 없다면 지구는 생명들의 포화상태로 지옥을 방불케 할 것"이기 때문이다.

이러한 사유 속에서 작가는 가을비를 바라보며 커피를 마신다. "이런 날엔 커피를 마시면서 음악을 들어야 우울한 감성을 달랠 수 있다"는 생각 때문이다. 커피 향과 맛이라는 감각적 이미지와 아스트르 피아졸라가 작곡하고 '기돈 크레머'가 연주한 〈망각〉을 김애자 작가는 수필의 결말 부분에서 그 음악을 통해 "죽음 앞에서도 멈추지 못하는 귀뚜라미 울음처럼 가냘프게 전개되는 선율이 아득하다. 내가 살아온 모든 경험이 무의식으로 사라지는 것 같은 착각을 느낀다. 그러나 나는 안다. 의식 밖 시간 저편은 아직 미지다. 지금 오롯이 나만을 위해 존재한다. 가을비 내리는 날에 차와 음악과 함께"라고 정서와 깊은 사유 속에 빠진다. 이 점에서 이 수필은 다분히 감성적이면서 삶의 본질과 인간 본체를 탐구하는 문학의 소명을 우리에게 환기해준다.

3. 로고스의 미학-비평적 에세이의 한 면모

김애자 수필은 감성적인 서정수필만 있는 것이 아니라 이지적인 로고스적 요소를 함유한 에세이도 있다. 그 대표적인 수필이 〈자화상에 숨은 이야기〉 〈쓸쓸한 문안〉

〈밥값〉이다.

수필 〈자화상에 숨은 이야기〉는 "공재 윤두서의 자화상"을 접하게 된 계기를 통해서 우리 선조의 자화상, 혹은 이광좌의 자화상, 추사의 자화상 그리고 서양 르네상스 시대의 화가의 자화상 이야기까지 탐색한 에세이이다. 수필 〈쓸쓸한 문안〉은 고 신경림 시인과의 인연을, 그리고 〈밥값〉은 판화가 이철수 선생댁을 방문 계기로 그곳에서 수경 스님의 저서 『공양』을 접하게 된 체험을 모티프로 하여 쓴 수필이다. 이 세 편의 수필을 편의상 분류한다면 문화예술 영역을 모티프로 쓴 수필이기 때문에 '문화예술향유수필' 혹은 짧게 말하면 '문화예술수필'이라고 그 수필성향을 규정할 수 있을 것이다.

이러한 문화예술수필은 그 성향이 로고스적일 수밖에 없고, 무거운 수필인 에세이로 쓸 수밖에는 없다. 그리고 일반적으로 사변적이고 논리적이며 지식을 뽐내는 소논문이나 리포트와 같은 에세이가 되기 십상이다. 그럼에도 불구하고 김애자 수필은 이러한 비문학적인 요소를 지양하고 작가의 문화생활의 한 단면을 보여주는 것처럼 읽기

편한 에세이로서의 면모를 보여준다.

　수필 〈자화상에 숨은 이야기〉는 이 수필의 서두에서 밝혔듯이 삼성출판사에서 출간한 《동양(東洋)의 명화(名畵)》 화집을 통해서 우리들의 눈에 익은 '공재 윤두서의 자화상'를 비롯하여 정조와 표암 강세황, 그리고 김홍도, 김득신과 이인문, 이명기 등의 이야기와 오성 이항복의 현손인 이광좌의 자화상, 추사의 자화상 그리고 서양 르네상스 시대의 화가의 자화상 이야기 중 작가가 주목한다. 당대의 화가들, "르네상스 시대에도 화가들 대부분이 작품을 의뢰받으면 작품 속에 자신을 그려 넣는 행위가 다반사"였다는 사실을 그 예를 들어 자세히 소개한다. "'아테네학당'을 맡았던 라파엘로는 플라톤과 아리스토텔레스, 소크라테스와 디오게네스, 피타고라스까지 등장시켜 놓고, 오른쪽 하단에 모자를 쓰고 관객을 바라보는 듯한 인물로 자신을 그려 넣"은 그림. "똘레도에 있는 산토도메 성당 안의 '오르가스 백작의 매장'을 의뢰받았던 엘 그레코는 자신뿐만 아니라 어린 아들까지 그려 넣었다. 또 보티첼리가 그린 '아기 예수 탄생'에 등장하는 '동방박사 경배'에서도 오른쪽 화폭에서 관람객을 응시하는 인물이 보티첼리이다"가 그것이다. 또한 "17세기 네덜란드의 거장 렘브란트는 생전에 60점이 넘은 자화상을 그렸다. 그 역시 작품 '사도 바울'에서 자신의 얼굴로 사도 바울을 대신했다. 이처럼 많은 화가가 그리스 신화나 성경에 나오는 인물을 의뢰받으면, 자기 후원자와 가족들 또는 자신의 얼굴을 모델로 삼아 그림 속에 등장"시켰음을 소개한다.

그러나 이 에세이에서 작가가 중점적으로 쓰려고 했던 이야기는 우리나라 자화상 중 유일하게 국보로 지정된 공재 윤두서 이야기이다. 46세 때 자화상을 그린 윤두서는 "자신의 초상화에서 앞을 똑바로 직시한 강렬한 눈빛과 꽉 다문 입매를 강조한 것은 시대에 대한 내적인 반항이었을지도 모른다. 성리학과 의학, 음악, 회화, 서예 등 어느 장르에서건 뛰어난 기량을 보였던 그가 재야에 묻혀 48세를 일기로 죽음을 맞이한 것은 애석한 일"이지만 그보다 중요한 것은 그의 그림 미학이다.

조선 시대에도 얼굴을 그릴 때는 기본적인 비율이 정

해져 있었다. 기름 먹인 투명한 유지에 초안을 잡았다고 하는데 얼굴 모양을 그릴 땐 반드시 삼정(三停)과 오부(五部)로 나누었다. (…) 그러고도 절대로 지켜야 할 법칙은 "털끝 하나, 머리칼 한 가닥도 더하거나 빼면 다른 사람이다. 있는 그대로, 보이는 그대로" 그려야 했다. 그렇게 극사실적으로 그리다 보니 피사인의 얼굴에 난 점 하나도 빼놓지 않았다. (…) 화가가 개의치 않고 피사인들의 얼굴을 사실대로 그릴 수 있었던 것은 선비의 정직함과 초상화의 법칙을 올곧게 지켰기 때문이다. (…) 다시 공재의 그림으로 돌아간다. 그의 작품 중 『고사독서도(高士讀書圖)』와 『하일오수도(夏日午睡圖)』에 등장한 인물 역시 자신의 모습이다. 정자 뒤로 바위와 대나무를 배경으로 책을 펴놓고 앉아 있는 주인공의 살피듬 좋은 안색이며, 치켜 올라간 눈꼬리와 눈썹, 고고한 자세가 영락없이 공재다. '하일오수도'에서 평상에 비스듬히 옆으로 누워 잠든 화면 속의 노인 또한 공재의 모습이다.

-<자화상에 숨은 이야기> 결말 부분

위의 인용문에서 알 수 있듯이 조선조의 초상화 핵심미학은 극사실주의 기법이다. 선비의 올곧은 절개와 정직함을 초상화의 법칙으로 차용했기 때문일 것이다. 이 수필의 결말 부분에서 언급했듯이 "공재 윤두서는 나이 마흔 여섯에 자화상을 그렸"으니까 작고하기 전 2년 전에 그린 셈이다. "일국의 재상이 되고도 남을 인물이라고 칭송을 받았던 그가 쥐의 수염으로 만든 붓으로 자신의 수염 한 올 한 올을 세심하게 묘사"한 것에 대해서 김애자 작가는 "같은 파끼리 뭉친 붕당 정치에서 빚어지는 온갖 모순에 대한 저항, 아니면 자아 본질에 대한 성찰, 그도 아니면 재야의 적적한 일상의 무료함을 위로하고 싶어서였을" 것으로 이해한다. 생의 마감이 가까이 다가왔다는 예감과 우리 수필에서 보여주게 되는 자아 성찰의 선과 색이 자화상에 나타난 것으로 보아야 할 것이다. 이러한 여러 상념과 함께 작가는 이 수필의 마무리를 이렇게 서술한다. "이런저런 궁금증이 자꾸만 곁가지를 친다. 이쯤에서 화첩을 접어야겠다. 어느새 땅거미가 지고 창밖 저 멀리 가로등이 풍등처럼 아득하다."고 자연친화적인 감성표현으로 마무리한다.

수필 〈쓸쓸한 문안〉은 신경림 시인과의 만남을 모티프로 한 수필이다. 고인에게 드리는 헌사와도 같은 수필이기 때문에 작가는 감정을 절제하고 공경스러운 마음을 전하기 위해 구어체 문장으로, 사르트르의 말부터 서두에 떠올린다. "사르트르는 '인간은 스스로의 선택에 의해 자신의 모습을 만들어 간다.'고 했다. 신경림 시인을 생각하면 사르트르가 한 말이 먼저 떠오르는 것은 그분은 스스로 시인의 길을 선택하고 평생을 시인답게 살다가 돌아가셨기 때문이다. (…) 지금도 내 귓가엔 '못난 놈들은 서로 얼굴만 봐도 흥겹다고, 이발소 앞에서 참외를 깎고, 목로에 앉아 막걸리를 들이켜던' 시 〈파장〉 속에 등장하는 사내들의 걸쭉한 농담이 들려오는 듯싶다."가 그것이다. 그런 뒤 그와의 첫 대면이 있었던 "2002년 5월 〈목계장터〉 시비를 세우던 날"을 떠올린다.

그 첫 대면에서 작가는 신경림 시인을 모습을 이렇게 그린다. "키가 작은 편해 속하였고, 피부는 희고 눈빛은 맑고도 예리했다. 저 맑고 예리한 눈빛으로 군부독재의 억압과 민주주의란 이념 사이에서 빚어지는 이항적인 대립으로 난항을 겪으면서도 민초들이 살아가는 삶의 곤곤함과, 강변에서 나부끼는 억새꽃과, 동구 안에서 의젓하게 품을 넓히는 느티나무를 통해 생명의 참모습을 찾아 노래하셨구나 싶어 다시 한번 발치에서 존경의 시선을 보내곤 먼저 자리를 떴"다는 표현이 그것이다. 자연인으로서의 삶과 시인으로서의 삶이 동일하여 많은 존경을 받았던 평판을 "강변에서 나부끼는 억새꽃과 동구 안에서 의젓하게 품을 넓히는 느티나무"가 표상하는 이미지로 신경림 시인을 그리고 있는 점이 주목된다.

 그러나 정작 이 에세이에서 김애자 작가가 말하고자 한 바는 신경림 시인의 시세계에 대한 자신의 견해이다. "선생님께선 평생 시를 찾아 떠도는 노마드였다."라는 규정이 주관적이지만 명쾌하다. "일정한 패턴에 묶이는 걸 원치 않았던 시인은 스스로 자신을 유랑의 길에 방목시키고 자신이 견뎌내야 하는 삶의 풍파를 징표로 삼았다. 더러는 옛 친구의 목소리가 그립고 어릴 적 구슬치기 하던 장소가 그리움으로 차오르면 서슴없이 집을 나섰고 고향을 찾아갔다. 하지만 고향은 점점 낯설어져 갔다. 경제성장의 속도만큼 농촌의 환경도 바뀌고 인심마저 변함을 몹시 섭섭해 하였다."라는 한 시인에 대한 이해는 주관적이지만 타당성이 있는 작가의 견해이다.

이때 시작한 것이 <남한강> 연작시다. 권력에 아첨하여 참판이란 벼슬을 얻고 가난한 농민들 등쳐 먹는 관료들의 어리석음을 빙자한 이야기로 시작된 <남한강>은 시를 이루고 있는 역사성과, 일본인들의 행실에 대한 비웃음과 6.25 전쟁을 겪었던 끔찍한 사건들과, 전쟁으로 폐허가 된 자리에서도 수단과 방법을 가리지 않고 살아내려는 민중들의 억척스러움을 시에 고스란히 담았다. 뿐만 아니다. 지린내 질펀한 재래시장 뒷골목에 밴 장삼이사들의 구구한 사연과, 그런 소읍을 끼고서 해 질 녘이면 조용히 내리는 적적한 어둠과, 그 어둠살을 끼고 이내처럼 깔리는 쓸쓸한 시의 정조(情操)를 한 줄도 빼놓지 않고 시로 옮기기 위해 충주시장 골목은 물론 남한강 주변을 샅샅이 뒤지고 다녔다. 발로 걷고 눈으로 보고 귀로 들어 채록했다. 그것도 지극히 평범한 언어로 썼다. 문장 어디에도 눈으로 본 사물들을 언어의 개념으로 꾸미지 않고, 언어의 유희도 들어 있지 않았다. 온전히 우리말과 시인의 몸에 밴 고유한 정서와 시어로만 구성된 서사적인 문장들이 산굽이를 멀리 돌아나가는 강줄기처럼 유장하고 아득할 뿐이다.

-<쓸쓸한 문안 > 결말 부분

신경림 시인의 『남한강』(1987년)은 세 편의 장편서사시 〈새재〉(1978년), 〈남한강〉(1981년), 〈쇠무지벌〉(1985년) 등 3편이 묶어서 나온 시집이다. 이 작품들의 시대적 배경은 1910년 한일합방, 1919년 삼일만세운동, 1945년 조국해방이라 시간적 배경으로 이 장편 시를 관통하고 있는 모티프는 민중투쟁이다. 이른바 장편 서사시로 평가되는 〈농무〉와는 달리 역사적 사실을 시간적 배경으로 했다는 점에서 주목되지만, 서사시로서의 담론은 잠시 유보되어야 작품이다. 하지만 위의 인용문에서 보듯이 〈남한강〉은 김애자 작가의 견해대로 "끔찍한 사건들과, 전쟁으로 폐허가 된 자리에서도 수단과 방법을 가리지 않고 살아내려는 민중들의 억척스러움"을 그리고 있다는 점에서, "온전히 우리말과 시인의 몸에 밴 고유한 정서와 시어로만 구성된 서사적인 문장들"로 유장하게 구사되어 있다는 점에서 주목된다.

따라서 수필 〈쓸쓸한 문안〉은 제목과는 달리 신경림 시에 대한 비평적 에세이를 겸한 글이란 점에서 주목된다.

수필 〈밥값〉은 판화가 이철수댁에 방문했다가 받아온 수경 스님이 쓴 저서 『공양』을 모티프로 한 수필이다. 특히 〈수챗구멍의 우주〉라는 제목의 글 속 이야기인 덕숭산 정혜사 방장스님의 '공양간' 예절 이야기를 통해서 작가는 해방 전후에 태어난 사람들의, 혹은 작가의 유년 시절의 밥상머리 교육을 환기하며 '밥'으로 표상되는 화두를 환기한다. "행자가 수각으로 흘려보낸 밥알이 지혜의 눈으로 보면 우주의 모든 기운이 들어 있다는 거였다. 아울러 '그 쌀 한 톨이 여물 때까지 얼마나 많은 생명이 죽어야 했는지 아느냐? 또 농부의 땀은 어떻고? 그런 큰 은혜로 이루어진 게 우리가 먹는 밥이다.'라며 이걸 소중히 여길 줄 모르면 중 될 자격이 없으니 곧바로 하산하라."는 방장스님의 일갈이 그것이다.

또한 "행자 수경 스님은 울면서 빌고 또 빌었다. 참회한다고 빌었고 용서해 달라고 사흘 동안 빌고서야 절에 남아 '밥'을 화두로 삼고 정진하면서 '밥을 짓는 일은 생명의 집을 짓는 일이고, 밥을 먹는 일은 세상과 함께 하는 일이고, 세상의 은혜를 입은 일'이란 걸 깨우쳤다."는 에피소드와 "이를 널리 알리고자 원고를 집필해 책으로 엮자 어느 보살 가족이 출판비 전액을 보시해 무상으로 나누어 주었다"는 일화, 유년 시절 배웠던 밥상머리 예절과 "밥알 하나에 농부의 손길이 여든여덟 번이 간다."는 이야기와 "쌀미(米)자"의 제자 의미를 통해서 쌀과 밥의 소중함을 환기한다.

그뿐만 아니라, 이철수 선생의 〈큰 그릇이야 늘 나누기 위한 준비〉 카탈로그 속의 "선문답처럼 간결한 문장" "내리닫이로 쓰는 옛 편지처럼 하루하루를 밭고랑에 적어가는 사람들"이란 문장에 농민의 노고를, 그리고 전태일이 "평화시장 봉제공장에서 일하던 어린 여공들에게 차비로 풀빵을 사주고 자신은 먼 길을 걸어서 다녔다."는 일화를 통해서 밥의 의미뿐만 아니라, "그의 죽음은 헛되지 않아 직업병을 앓는 노동자들이 보상받은 보상금으로 건립한 녹색병원처럼 이번엔 전태일 의료센터 건립에 이철수 선생이 앞장섰다. 필경 세상과 밥을 함께 먹을 줄 아는 의인들이 십시일반 도와 의료센터를 완공시킬 것"이라는 미담에 작가는 이 수필의 마지막 문장에서 "나 또한 밥값을 어떻게 되갚아야 할지 고민 중이다. 밥값을 갚지 못하고 오래 사는 건 부끄러운 일이다."라고 토로하기도 한다. 이 점에서 이 수필은 칼럼적인 요소가 전혀 배제되어 있지는 않지만 '밥값'의 의미를 환기시키고 그것을 깊이 사유할 수 있는 계기를 만들어주고 있다는 점에서도 로고스적 미학 성취를 이룬 수필이라 할 수 있을 것이다.

아리스토텔레스가 『수사학』에서 언급한 당대의 대중을 설득시키는 세 가지 요소는 문학에서도 독자와의 관계 속에 적용된다. 작가는 어떠한 방법으로도 독자를 감동시켜야 한다. 로고스의 미학으로든, 파토스의 미학으로든, 아니면 에토스의 미학으로든 독자들에게 다가가야 하고 그들의 마음을 움직여야 한다. 이것이 우리 문학이 직면

한 당면과제이다. 이를 김애자 수필은 해내고 있다. 어떨 때는 파토스적인 문장으로 다가가고, 어떨 때는 로고스적인 설득력을 가지고 집요하게 독자에게 지적 감동을 준다. 그뿐만 아니라 이 두 가지 요소를 한 편의 수필에 섞어 에토스적인 미학으로 독자들을 인간적인 감동으로 끌어당긴다. 이를 김애자 수필은 우리에게 모두 다 보여준다는 점에서 주목하게 된다.

벽틈
사이로
빛이

김애자 수필집

벽틈 사이로 빛이